Crescer em Comunhão

CATEQUESE DE INSPIRAÇÃO CATECUMENAL COM ADULTOS

Livro do Catequista

Maria do Carmo Ezequiel Rollemberg

Crescer em Comunhão

CATEQUESE DE INSPIRAÇÃO CATECUMENAL COM ADULTOS

Livro do Catequista

EDITORA VOZES

Petrópolis

Rua Frei Luís, 100
25689-900 Petrópolis, RJ, Brasil
www.vozes.com.br

Editoração: Mariana Perlati
Revisão teológica: Dra. Débora Regina Pupo
Diagramação: Ana Maria Oleniki
Revisão gráfica: Alessandra Karl
Capa: Ana Maria Oleniki

ISBN 978-85-326-7279-7

Este livro foi composto e impresso pela Editora Vozes Ltda.

Sumário

Apresentação

Queridos (as) catequistas,

Chega até vocês o subsídio *Catequese de Inspiração Catecumenal com Adultos.* O material foi pensando e preparado para atender aos jovens e aos adultos que desejam começar ou completar seu processo de iniciação cristã oferecendo um itinerário consistente em que catequista e catequizando, com base na Palavra de Deus, percorram um caminho que os leve ao amadurecimento da fé e à compreensão da vida cristã como uma opção consciente e decidida de pautar a vida pelos valores cristãos.

Você, catequista, tem um papel fundamental nesse processo, pois é chamado a ser o companheiro daqueles que precisam percorrer o itinerário catequético. Seu preparo e estudo pessoal serão o diferencial no processo e na interação com o grupo de catequese. O livro do catequista está bastante didático e tem por finalidade ajudá-lo a realizar os encontros e os momentos celebrativos. Para que os objetivos sejam alcançados, sugerimos a leitura dos textos no livro do catequizando, assim, será possível compreender melhor as dinâmicas, as atividades e os momentos orantes propostos.

A catequese de inspiração catecumenal exige uma nova postura e, principalmente, que se considere o catequizando como interlocutor de todo o processo. Faz-se necessário que o catequista se prepare por meio do estudo e da oração, bem como da meditação da Palavra de Deus, para que o tema a ser apresentado possa ser compreendido, rezado e vivido também pelo catequista.

Na catequese com adultos o catequizando é o sujeito principal do processo. Por isso, o auxílio do catequista será o de acompanhá-lo nesse processo e promover a interação e a partilha no grupo.

Agradeço à autora, Maria do Carmo Rollemberg, pelo trabalho primoroso e faço votos de que este subsídio possa lhes ajudar a crescer e amadurecer na fé.

Dra. Débora Regina Pupo
Coordenadora da Animação Bíblico-Catequética
CNBB Sul 2 - PR

Uma palavra ao catequista

Este subsídio apresenta uma proposta para a catequese com adultos de inspiração catecumenal em um caminho construído por ensinamentos (catequese propriamente dita), celebrações e incentivo à prática de vida cristã. O objetivo é ajudar aqueles que querem ser iniciados na fé cristã ou completar sua iniciação com o Sacramento da Eucaristia e/ou da Confirmação por meio de um itinerário que visa aproximar o catequizando de Jesus Cristo, para conhecimento e adesão à proposta de vida que Ele oferece, e ajudá-lo no caminho do discipulado.

É importante que o catequista e outros agentes envolvidos na catequese conheçam bem o processo de inspiração catecumenal e as orientações para conduzi-lo (cf. DNC, n. 35-38; 45-50). Recomenda-se a leitura cuidadosa do volume *Iniciação à Vida Cristã: um processo de inspiração catecumenal* (CNBB, Est. 97), bem como das orientações particulares da sua diocese para a catequese com adultos.

O que propomos para a catequese com adultos?

1. Para contribuir com o processo catequético com adultos este volume apresenta os temas fundamentais para a formação cristã, sempre desenvolvidos a partir de Jesus Cristo e à luz das dimensões da fé. Em cada encontro, considerou-se a necessidade de falar de fé nas diferentes realidades de vida dos catequizandos adultos, bem como nas diversas situações identificadas na sociedade.
2. O conteúdo está de acordo com o itinerário proposto pelo RICA, e os temas são desenvolvidos em quatro tempos de formação e amadurecimento: pré-catecumenato, catecumenato, iluminação e purificação, e mistagogia. No total, são propostos 32 temas, sendo alguns deles como encontros celebrativos e outros como meditações da Palavra de Deus.
3. Para o tempo do pré-catecumenato são propostos 11 encontros. Com isso, pretende-se favorecer o despertar de uma fé inicial junto aos não batizados ou batizados afastados da Igreja, ou o fortalecimento da fé para os já batizados e participantes da Igreja. Estes encontros podem ser conduzidos pelo catequista ou, conforme sugere o RICA, por um introdutor, que deve conhecer o processo catecumenal e estar preparado adequadamente para propor as bases da vida de fé e dar testemunho de sua caminhada pessoal na fé. Sempre que possível, devem ser formados grupos com poucos catequizandos.

4. Para o tempo do catecumenato são propostos 13 encontros, visando fortalecer e aprofundar os quatro pilares da fé.

5. No tempo da iluminação e purificação, seis encontros aprofundam o tema dos sacramentos da Iniciação Cristã e da Reconciliação. Esses temas contribuem para a reflexão pessoal dos catequizandos, como uma preparação intensiva à celebração dos sacramentos da Iniciação Cristã. Esse tempo, preferencialmente, deve coincidir com o tempo litúrgico da Quaresma.

6. O tempo da mistagogia visa enraizar o sentido do seguimento de Jesus na vida daqueles que foram iniciados. São sugeridos dois encontros, realizados no Tempo Pascal, ficando a critério do catequista e da coordenação de catequese a realização de outras atividades com o grupo de crismados. É importante marcar a conclusão do caminho na catequese com a celebração do envio missionário, por ocasião da Solenidade de Pentecostes.

7. Alguns temas, por diferentes razões, exigem mais tempo para que sejam desenvolvidos de maneira adequada. O importante é alcançar o objetivo proposto para o encontro. Por isso, esses temas podem (devem) ser trabalhados em duas (ou mais, dependendo do grupo) ocasiões.

8. É importante que o catequizando possa compreender o processo catecumenal que começa a fazer; isso o ajudará a perceber seu avanço e a entender e valorizar as diferentes etapas (Admissão ao Catecumenato, Eleição, Celebração dos Sacramentos da Iniciação Cristã) e os momentos celebrativos (Entregas, Escrutínios). No início de cada tempo, é apresentada uma breve explicação sobre a sua finalidade no âmbito do processo catecumenal. A sugestão é que seja lida e explicada aos catequizandos.

9. Além dos encontros, há alguns textos incluídos, como "Para saber mais...". Cada um aborda temas importantes que, desde a catequese, farão parte da vida de fé do catequizando e, portanto, precisam ser explicados para serem bem-entendidos: o sinal da cruz, a Missa e o Tríduo Pascal.

A estrutura do encontro

Recursos e ambientação: relaciona os materiais e orienta quanto ao seu uso para ajudar a desenvolver o tema do encontro, tanto para compor o ambiente quanto para as dinâmicas, as celebrações e as atividades indicadas. É importante observar que são mencionados apenas os recursos específicos necessários para desenvolver a proposta do encontro; os símbolos comumente utilizados nos ambientes da catequese podem e devem fazer parte da ambientação.

Orientações e comentários: são propostos aspectos essenciais referentes ao tema do encontro, sugestões que podem contribuir para o desenvolvimento do tema, bem como algumas orientações específicas e sugestões de leitura para que o catequista possa melhor se preparar para o encontro.

Introdução: pequeno texto para a apresentação do tema do encontro, com questionamentos aos catequizandos.

Vida e Palavra se encontram: desenvolvimento do tema a partir de um texto bíblico, trazendo à reflexão a vida do catequizando e suas experiências na família, na comunidade e nos seus ambientes do cotidiano, com suas alegrias e dores. A finalidade desse momento do encontro é levar o catequizando a acolher a Palavra, a questionar-se olhando para seu modo de viver, a compreender como a mensagem transmitida pela Palavra alcança sua vida e a partilhar com o grupo suas percepções e seus sentimentos.

Celebrando a vida: propõe dinâmicas e/ou atividades que levam o catequizando a identificar e confrontar situações da sua vida ou da sociedade com a Palavra proclamada e, por fim, expressar, por meio da oração, em grupo ou individualmente, seu sentimento e compreensão do tema.

Transformando a vida: é o momento para que o catequizando possa refletir sobre seu jeito de estar no mundo a partir do tema do encontro e a se questionar como ser um agente de transformação na sociedade.

Uma reflexão para o caminho: texto para, após o encontro, ajudar o catequizando a realizar uma reflexão pessoal, olhando para a sua própria vida a partir da compreensão da Palavra. Em seguida ao texto, há um espaço no livro do catequizando para anotar sentimentos, percepções e registrar propósitos pessoais a partir do que foi experienciado no grupo.

Linhas para anotações: no livro do catequista, esse espaço possibilita o registro de ideias e elementos importantes para o encontro.

Sugestões para o catequista

- Preparar o encontro previamente, por meio do estudo, da reflexão e da oração. Para isso, são oferecidas sugestões de leitura. É importante ter em mente que os adultos que buscam a catequese trazem muitas dúvidas e questionamentos e o catequista deve estar bem-preparado para ajudá-los, o que não significa ter respostas para todas as perguntas, mas, saber o que dizer ao catequizando e o que procurar para responder posteriormente.
- Os encontros foram elaborados considerando uma duração entre 1h15min e 1h30min, para favorecer a reflexão pessoal e a partilha nos grupos.
- Usar o livro como subsídio, isto é, permitir que sua experiência e suas habilidades o levem a alterar uma sugestão apresentada para torná-la mais adequada ao seu grupo de catequizandos. Porém, é importante que a ordem dos encontros não seja modificada e que os encontros celebrativos e meditações propostos não sejam omitidos, pois fazem parte de um conjunto pensado para formar, gradualmente, o discípulo de Jesus.
- Ter em mente que cada encontro deve favorecer a experiência pessoal de Jesus Cristo. Em outras palavras, não esquecer que o querigma é o fio condutor de todo o processo catecumenal.
- Ajudar o catequizando a fazer a experiência do Mistério; para isso, os encontros devem ser vivenciais e interiorizados pela oração. Não temer os momentos de silêncio: eles devem ser valorizados, bem como as orações espontâneas.
- Ter sempre em mente que os símbolos devem fazer parte da ambientação, porque colaboram para a percepção dos conteúdos.
- Embora neste subsídio só estejam indicados aqueles que, de alguma maneira, são indispensáveis ao desenvolvimento do encontro proposto, é importante considerar que gestos e símbolos contribuem para uma catequese mistagógica. Os pequenos gestos, tais como acender uma vela, partir o pão, oferecer o cálice, entre outros, precisam ser feitos com certa solenidade, para que sejam significados e valorizados.
- Realizar uma breve oração ao iniciar e ao concluir cada encontro, da sua escolha (quando não houver indicação).
- Os salmos, preferencialmente, devem ser rezados da Bíblia; contudo, em alguns encontros, os versículos indicados não estão em sequência. Para não ser perdido o clima orante, nesses casos, os salmos podem ser lidos no livro.
- Antes da leitura do texto bíblico, motivar os catequizandos com um canto para ajudá-los a prepararem-se para acolher a Palavra.

- A leitura dos textos bíblicos deve sempre ser feita com tranquilidade, sem atropelos, para que todos possam compreender; o catequista pode convidar um catequizando ou fazer ele mesmo a leitura da Palavra. Nos encontros celebrativos, se possível, cantar a aclamação ao Evangelho. Alguns gestos contribuem para que o grupo valorize a Bíblia: por exemplo, colocar as mãos sobre ela, em silêncio, após a leitura do texto sugerido.
- Nem sempre será conveniente que o catequizando responda à questão proposta em *Transformando a vida* no encontro; nesse caso, recordar a importância da reflexão pessoal e, no encontro seguinte, propor uma partilha do que sentiram, pensaram e responderam.
- Em cada encontro é importante dar espaço para a partilha das ideias nascidas nas reflexões pessoais durante a semana, a partir da leitura do texto proposto como *Uma reflexão para o caminho* e do compromisso assumido em *Transformando a vida*.
- O encontro é desenvolvido de forma dialogal: são sugeridas diversas questões para provocar a reflexão pessoal, a participação nas conversas e a partilha das ideias. A finalidade é dar ao catequizando adulto o protagonismo da sua caminhada na catequese; ele quer ser ouvido e sua experiência de vida deve ser sempre considerada.
- Ajudar o catequizando a confrontar a fé com sua vida e suas aspirações pessoais; o tema de cada encontro precisa estar relacionado à vida do catequizando para que a catequese seja realmente transformadora. Críticas, lições de moral ou acusações não devem acontecer: o catequista deve esforçar-se para levar o catequizando a experimentar o amor de Deus e a conhecer sua misericórdia.
- Reconhecer-se instrumento do Espírito Santo: é Ele que desperta no coração do catequizando a vontade de seguir Jesus Cristo, é Ele que conduz e fala no catequista (cf. Mt 10,19s).

Apresentamos esta obra com amor à Igreja e com a esperança de contribuir para a formação e a educação da fé de adultos para, assim, dinamizar a vida das nossas comunidades.

Que nossa Mãezinha Maria, Mãe e discípula do Senhor, acompanhe esse processo e conduza todos a seu Filho Jesus.

A autora

A iniciação cristã de inspiração catecumenal

Ser cristão exige um tempo de preparação. Ao estar atenta à voz de Deus, que chama à sua intimidade, a pessoa segue por um caminho de descobertas, afirmações e questionamentos.

A Iniciação Cristã de inspiração catecumenal é um processo de educação cristã integral que insere a pessoa, batizada ou não, em todas as dimensões da vida cristã, no conhecimento do Mistério de Cristo, na vida evangélica, na oração, na liturgia e no compromisso missionário. Longe de ser uma formação doutrinária, o foco desse processo é o discipulado e, portanto, ele visa levar o adulto a conformar-se a Jesus, isto é, a tornar-se sempre mais semelhante a Ele. Isso exige ouvir, compreender, acolher e viver seu Evangelho.

A estrutura do processo catecumenal, conforme é proposto pelo Ritual da Iniciação Cristã de Adultos (RICA), apresenta quatro tempos de formação e amadurecimento: pré-catecumenato, catecumenato, purificação e iluminação, e mistagogia; e três etapas, marcadas por ritos litúrgicos, que conduzem aos tempos ou são por eles preparadas: admissão ao catecumenato, eleição e celebração dos sacramentos da Iniciação Cristã (cf. RICA. Introdução, n. 6-7).

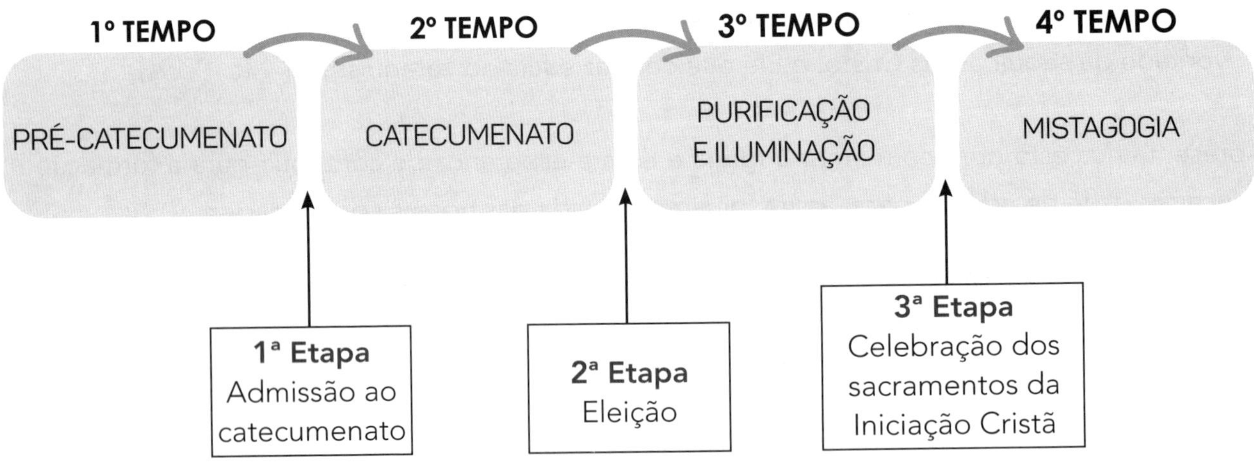

A catequese de inspiração catecumenal com adultos visa levar a pessoa a uma relação íntima com o Deus de Jesus Cristo, acolhendo-a e inserindo-a, de forma gradual, na vida da Igreja e ajudando-a na adesão a Jesus e sua mensagem. Essa jornada de conversão e formação espiritual tem um antes, um durante e um depois, o que exige um olhar atento às realidades e às necessidades dos adultos catequizandos.

TEMPO DO
PRÉ-CATECUMENATO

Quem é "ele", afinal?

Shutterstock / Bernardo Ramonfaur

O QUE É O TEMPO DO PRÉ-CATECUMENATO

É o tempo próprio para a primeira evangelização, para o anúncio de Jesus Cristo. O pré-catecumenato leva a pessoa a se descobrir chamada por Deus e motivada para acolher e deixar-se envolver pelo Mistério do seu amor (cf. RICA. Introdução, n. 9-10). Esse é um período de grande importância, pois não se pode supor que Jesus Cristo seja conhecido por todos. Por isso, esse tempo não deve ser omitido nem minimizado, mas deve durar o suficiente para despertar nos catequizandos uma fé inicial e amadurecer a vontade sincera de seguir Cristo.

Para conhecer bem o processo catecumenal, sugere-se para leitura:

- CNBB. *Iniciação à vida cristã*: um processo de inspiração catecumenal. Estudo n. 97. Brasília: Edições CNBB, 2009.
- CNBB. *Itinerário Catequético*: iniciação à vida cristã – um processo de inspiração catecumenal. Brasília: Edições CNBB, 2014.
- SAGRADA CONGREGAÇÃO PARA O CULTO DIVINO. *Ritual da Iniciação Cristã de Adultos*: RICA. São Paulo: Paulinas, 2003.

1 Um caminho que começamos a percorrer

- Orientações da sua diocese sobre a catequese com adultos.

➤ Objetivo

Explicar que a finalidade de um grupo de catequese é percorrer um caminho de formação e inserção comunitária.

➤ Recursos e ambientação

Providenciar: tarjas de papel de cores diferentes (uma de cada cor para cada participante); folhas de papel sulfite (duas para cada participante); folhas de papel sulfite para escrever as palavras sugeridas; alguns lápis e/ou canetas.

- No local do encontro, desenhar no chão um caminho com giz ou fazer o desenho de um caminho usando folhas de papel, para serem colocadas no chão. O desenho deverá ser grande o suficiente para permitir caminhar sobre ele.
- Em cada folha de papel sulfite, escrever uma das palavras: encontros, celebrações, comunidade, partilhas, escuta, diálogos, aproximação, orações, Palavra de Deus, acolhimento e outras que considere importantes.
- À entrada do local do encontro, ao acolher os participantes, entregar a cada um duas tarjas de papel de cores diferentes e duas folhas de papel sulfite.

➤ Sugestão de leitura

CIPOLLINI, P. Dom. *Os profetas*. CNBB, 19 ago. 2020. Disponível em: https://www.cnbb.org.br/os-profetas-3/. Acesso em: 26 dez. 2024.

Orientações e comentários

Ao iniciar o encontro, acolher e dar as boas-vindas ao grupo, manifestando a todos a alegria, sua e de toda a comunidade eclesial, pela decisão de cada um de fazer a experiência da catequese com adultos.

Apresentar-se ao grupo dizendo o nome e outras informações pessoais que considere importantes. Em seguida, convidar os participantes do grupo a se apresentarem.

Comentar: "Cada um de vocês tem uma história de vida construída com alegrias e tristezas, com pessoas que, de alguma maneira, tornaram-se importantes para você. Foi essa história que o trouxe à catequese com adultos, uma nova etapa em sua vida. Neste grupo de catequese, você conhecerá outras pessoas e partilhará descobertas sobre si, os outros e a vida. De maneira especial, você aprofundará o conhecimento sobre Deus e irá identificá-lo como fonte inesgotável do amor verdadeiro".

Convidar o grupo a expressar, a partir do texto inicial do livro do catequizando, o que identificaram de maneiras diferentes nas diversas etapas de suas vidas. Em seguida, apresentar a pergunta proposta no texto: "Hoje, como você se vê?".

Após alguns minutos para reflexão pessoal, orientar para que façam a atividade solicitada: desenhar como cada um se vê e escrever ao lado sua maior qualidade, seus sonhos e objetivos na vida.

Mencionar a comparação da vida com um caminho composto de curvas, atalhos, pedras, pessoas e momentos importantes. Depois, orientar para que cada um pense e expresse como vê a sua vida de maneira criativa (frases, pensamentos, poesia, refrão de uma música ou outra).

Vida e Palavra se encontram

Comentar a importância da Palavra de Deus para as nossas vidas e como a sua mensagem chega até nós, por meio das pessoas e acontecimentos. Explicar o significado de profeta como alguém que, tendo uma profunda relação com Deus, anuncia a sua mensagem.

Destacar a figura do profeta no Antigo Testamento e sua importância, contextualizando seu papel para a época. Mencionar que, além de serem inspirados por Deus, eram pessoas com as quais Ele falava diretamente, ampliando com outras informações que considerar importantes para o seu grupo.

Explicar o que é o profeta na Bíblia e o que é o profeta hoje, mencionando que hoje o cristão é convocado a assumir a missão de ser profeta, orientado pelos valores do Evangelho.

Texto bíblico: Is 43,1-5a.

Orientar o grupo para a leitura da Palavra e para acolher o que o Senhor tem a dizer a cada um.

▷ O que diz a Palavra?

- Após a leitura da Palavra com o grupo, contextualizar o que diz o texto, identificando seus personagens, suas falas e o acontecimento narrado.
- Explorar a questão a seguir e enfatizar aquela que é proposta no livro do catequizando e está sublinhada na sequência.
  - Quem fala no texto proclamado?

- Que palavra ou frase você destaca?

▷ **O que a Palavra diz para você?**

Apresentar o sentido do texto bíblico dialogando com o grupo sobre a afirmação do Profeta Isaías de sermos preciosos aos olhos de Deus. Explorar o fato de que cada pessoa é valiosa e única diante de Deus, quais aspectos tornam uma pessoa única e, depois, propor a pergunta que está no livro do catequizando:

- Como você se sente diante dessa afirmação?

▷ **Trazendo a Palavra para a vida**

Propor a todos que, individualmente, reflitam sobre as questões sugeridas em seus livros, relacionadas ao fato de estarem em um grupo de catequese e este ser um caminho. Depois, motivar a conversa e a partilha das ideias pessoais e respostas a cada questão.

A partir do texto do livro do catequizando, destacar que o grupo inicia um caminho que tem como objetivo aproximar cada um à Pessoa de Jesus.

Explicar, conforme o texto, que esse caminho catequético que começam a percorrer é inspirado na maneira como, nos primeiros séculos do cristianismo, eram preparados aqueles que queriam se tornar discípulos de Jesus Cristo e fazer parte da sua Igreja.

Em seguida, convidar o grupo a pensar e a compartilhar suas respostas às questões propostas em seu livro.

Celebrando a vida

Explicar a proposta da Igreja e da comunidade local para a *Catequese com Adultos*, convidando o grupo a percorrer o caminho que foi desenhado com giz (ou preparado com folhas) no local do encontro. Solicitar para que andem ao lado do caminho, pensando sobre o que já fizeram até aqui. Em alguns momentos, durante a caminhada, fazer paradas para colocar, sobre o caminho, as folhas com as palavras escritas que foram sugeridas em "Recursos e ambientação".

Ao colocar a folha com uma palavra, comentar sobre a sua importância para cada catequizando e para o grupo como um todo. Afirmar que esse caminho da catequese não é percorrido sozinho, nem é construído apenas com os encontros.

Não há uma sequência definida de palavras; o importante é comentar cada uma delas e mostrar seu significado no âmbito da catequese, de maneira que seja possível compreender qual é a finalidade do grupo e dos encontros que serão realizados.

Comentando que as palavras do texto do Profeta Isaías são dirigidas a cada um que inicia o seu caminho na catequese, incentivar a pensar e a escrever nos papéis coloridos recebidos uma palavra relacionada às questões propostas em seu livro sobre o que esperam encontrar e o que não pode faltar nos encontros de catequese.

Concluída a atividade, incentivar o grupo a compartilhar suas respostas, dizendo por que são importantes para cada um, individualmente e para o grupo e, em seguida, colocar os papéis contendo as respostas no caminho, onde cada um escolher.

Antes de convidar a rezar com o Sl 25,4-6, mencionar que os salmos são orações do povo de Deus, rezadas no templo, com a família ou como oração pessoal. Eles podem exprimir louvor, adoração, alegria, confiança, súplica, aflição, arrependimento e até mesmo revolta.

Convidar a rezar o salmo transcrito em seus livros e/ou para que o façam utilizando a Bíblia.

Transformando a vida

Comentar com o grupo que dificuldades e desafios nos ajudam a discernir e a amadurecer para termos um olhar mais crítico em todas as situações da vida. A perseverança é uma marca do cristão, porque, como disse São Paulo, a perseverança produz a experiência, a experiência produz a esperança, e essa não decepciona, pois temos o amor de Deus derramado em nós (cf. Rm 5,4s.).

Considerando o que foi desenvolvido no encontro, propor a todos que, individualmente, escrevam suas ideias relacionadas à questão proposta sobre suas disposições para seguir com convicção o caminho da catequese.

Uma reflexão para o caminho

Comentar que, durante a semana, cada catequizando deverá ler e refletir sobre o texto apresentado em seu livro. Ele tem a finalidade de contribuir para uma melhor compreensão da importância do caminho que estão iniciando.

Incentivar a fazerem anotações e, no próximo encontro, dar espaço para a partilha das reflexões dos catequizandos.

2 Deus e o ser humano, uma busca constante

➤ Objetivo

Explicar que Deus chama cada pessoa para estar ao seu lado e espera uma resposta de cada um.

➤ Recursos e ambientação

Providenciar: vela grande (cor de cera natural).

➤ Sugestão de leitura

- ClgC, n. 26-30.
- ClgC, n. 39-43

Orientações e comentários

Recordar que, como lemos no texto do Profeta Isaías, somos únicos e valiosos para Deus. E, conservando nosso jeito próprio de ser, não conseguimos viver isolados ou totalmente sozinhos; ao contrário, vivemos cercados por pessoas, com suas histórias, em um mundo complexo e desafiador.

A natureza nos ensina que é assim para todos. Algumas plantas, por exemplo, precisam da ajuda de alguns animais para dispersar o pólen ou suas sementes e, assim, assegurar a existência da espécie. Nós, seres humanos, como as plantas, precisamos de colaboradores para ajudar em nosso desenvolvimento: familiares, amigos...

Conversar com o grupo apresentando e explorando exemplos relacionados ao texto inicial deste encontro: a convivência em diferentes espaços (familiar, escolar, profissional, eclesial etc.); o diálogo com iguais e diferentes; os laços afetivos, profissionais e familiares estabelecidos entre as pessoas; o cuidado com a natureza e suas implicações como o combate à poluição e consumo responsável, entre outras; a liberdade com responsabilidade associada a relação consigo mesmo, com o próximo e com o mundo.

Explorar a relação de interdependência que envolve pessoas, sociedade e mundo.

Propor uma conversa em duplas sobre a busca de sentido para a vida e de felicidade, própria do ser humano, e sua relação com a convivência; destacar em que aspectos isso se estende ao desejo de se relacionar com Deus.

Explicar o significado de "religioso" a partir do que é apresentado no livro do catequizando.

A religião é um elemento fundamental da cultura humana e, em todos os tempos, a humanidade se sentiu direcionada ao transcendente; a história mostra que, em todas as culturas, a religião sempre foi um dos elementos associados à vida, envolvendo rituais, símbolos, comportamentos e outros aspectos que caracterizam a sua presença nas sociedades.

Para ajudar o grupo a melhor compreender o significado de religião, apresentar exemplos de diferentes povos e culturas e como nós, católicos, expressamos a busca de comunhão e encontro com Deus.

Explorar a liberdade que tem o ser humano de se aproximar ou não de Deus, destacando que a cada um Ele concede o tempo necessário para que isso aconteça, sem nunca deixar de estar perto para acolher quando a pessoa se sente pronta.

Vida e Palavra se encontram

Comentar que o texto bíblico que será lido, apresenta a criação do mundo em vista da criação do homem e da mulher e, assim, nos ajuda a compreender melhor a relação entre Deus e o ser humano.

Texto bíblico: Gn 2,4b-25.

▷ O que diz a Palavra?

- Após uma nova leitura individual, pedir ao grupo que diga, com suas próprias palavras, o que narra o texto bíblico. Explorar o que diz o texto a partir das contribuições dos catequizandos e identificar os personagens, suas falas e o acontecimento narrado.
- Em seguida, incentivar a partilha das respostas dadas à questão proposta no livro do catequizando.
  - Qual palavra ou expressão você destaca nesse texto?

▷ O que a Palavra diz para você?

Comentar o sentido do texto bíblico dialogando com o grupo; esclarecer os aspectos relacionados à criação e à linguagem simbólica utilizada para descrever como surgiu o mundo. Destacar que a vida tem sua origem em Deus.

Propor uma conversa sobre as três ideias apresentadas e aproveitar para tirar dúvidas ou responder questionamentos que surgirem sobre: o mundo criado por amor, a criação revelar o amor de Deus; o sopro de vida nas narinas do ser humano como expressão da relação entre ele e Deus; o ser humano e sua responsabilidade de cuidar da criação.

▷ **Trazendo a Palavra para a vida**

Propor ao grupo uma conversa sobre as questões sugeridas no livro do catequizando e a partilha de suas ideias e respostas.

Celebrando a vida

Orientar o grupo a escrever, em seus livros, apenas uma palavra que descreva uma característica: sua, de seu/sua melhor amigo(a) e da pessoa que estiver sentada ao seu lado no encontro.

Motivar uma conversa sobre como se sentiram para atribuir uma característica nas três situações: se foi fácil ou difícil responder alguma das situações e o motivo.

A partir do texto no livro do catequizando, comentar que é mais fácil atribuir características a uma pessoa a partir das experiências que temos com ela. Por isso, atribuir características a quem pouco conhecemos é sempre difícil e a nossa percepção pode não ser fiel ao que a pessoa realmente é.

Pedir que o grupo se manifeste sobre as afirmações associadas a Deus apresentadas no livro do catequizando e responda: Concordam com todas as afirmações? Por quê?

Explicar o significado de "Mistério" a partir do que é apresentado no livro. Para isso, perguntar ao grupo: sentem dificuldade para falar sobre Deus? Conseguimos falar sobre Deus e explicar quem é Ele apenas usando nossa razão?

Comentar que a luz é sempre necessária para sermos capazes de enxergar os outros e as coisas ao nosso redor e, também, para nos movermos com segurança.

Acender a vela, com alguma solenidade, e entregá-la a um dos catequizandos enquanto faz uma motivação com as palavras sugeridas no livro ou outras semelhantes.

Seguir conduzindo de acordo com o que é proposto, no livro do catequizando, na letra a), depois que todos tiverem se manifestado, orientar para que leiam a letra b), motivando para que cada um faça uma oração pessoal silenciosa.

Após a oração pessoal, convidar a rezarem juntos o Sl 8,4-6.

Transformando a vida

Promover uma conversa em duplas e/ou trios sobre o impacto de descobrir-se amado por Deus e como isso afeta nossa maneira de nos relacionarmos com a natureza, com os outros e com Ele.

Após a conversa, solicitar que os pequenos grupos partilhem suas ideias. Em seguida, individualmente, cada um responde à questão proposta pensando como sua resposta pode ser concretizada no seu dia a dia.

Uma reflexão para o caminho

Lembrar ao grupo a importância de fazer uma reflexão pessoal sobre o texto proposto em seus livros ao longo da semana, fazendo anotações sobre os sentimentos e as ideias por ele despertadas.

3 Jesus é a revelação definitiva de Deus

➤ Objetivo

Identificar Jesus como aquele que nos leva ao verdadeiro conhecimento do Pai.

➤ Recursos e ambientação

Providenciar: cartaz grande com desenho ou imagem da natureza criada; fita dupla face ou alfinetes para fixar os papéis no cartaz; seis tarjas de papel com uma das seguintes frases escrita em cada um:

- Procurar e encontrar Deus.
- Encontrar e amar a Deus.
- Amar e revelar Deus.
- Sentir a bondade de Deus.
- Aproximar-se de Deus.
- Mostrar o amor de Deus.

Fixar o cartaz em local bem visível.

➤ Sugestão de leitura

- ClgC, n. 516-561.
- ClgC, n. 328-336.

Orientações e comentários

Recordar que, no encontro anterior, refletimos sobre nossa relação com Deus: nós buscamos a Deus e somos capazes de nos relacionarmos com Ele. Ainda, como somos valiosos para Ele, não se cansa de nos atrair para si e nunca deixou de dialogar com os seres humanos.

Explicar o significado de "revelar" e de "Encarnação" a partir do que é apresentado no texto.

Comentar que a Encarnação é o grande Mistério (cf. Rm 11,33) no qual participaram o Pai, o Filho e o Espírito Santo.

Vida e Palavra se encontram

Explicar o significado de "povo eleito" a partir do que é apresentado no livro do catequizando. Comentar que Deus escolheu para si o povo de Israel, como seu povo (cf. Dt 14,2), destacando que essa escolha teve início com o patriarca Abraão. Explorar o fato de que a eleição não é mérito de nenhum ser humano, mas, fruto do amor infinito de Deus (cf. Dt 7,6-8).

Esclarecer que Deus se revelou com palavras e acontecimentos, preparando o povo escolhido para sua revelação plena, que se dá em Jesus, seu Filho encarnado. Convidar o grupo para a leitura do texto do Evangelista Lucas, que narra o anúncio da encarnação de Jesus.

Texto bíblico: Lc 1,26-35.

▷ **O que diz a Palavra?**

- Contextualizar e explorar o que diz o texto, identificando seus personagens, suas falas e o acontecimento narrado.
- Em seguida, pedir que cada um leia mais uma vez o texto bíblico, em silêncio.
- Após a leitura, questionar o que sabem sobre os anjos e explicar o significado de "anjo" a partir do que é apresentado no livro, comentando que a existência dos anjos, seres espirituais, é uma verdade de fé; a Sagrada Escritura dá testemunho da sua existência. Como criaturas totalmente espirituais, têm inteligência e vontade: são criaturas pessoais e imortais e sua perfeição supera a de qualquer criatura visível.
- Motivar a responder às questões apresentadas no livro:
  - O que o anjo diz a Maria?
  - Qual palavra você destaca nesse texto?

▷ **O que a Palavra diz para você?**

Apresentar o sentido do texto bíblico dialogando com o grupo sobre a espera do povo pelo Messias que iria estabelecer o Reino de Deus entre os seres humanos; sobre Deus ter se apresentado à humanidade no rosto do menino que nasceu em Belém, o seu Filho, fazendo-se pequeno e humano para estar conosco e redimir toda a humanidade.

Explore o significado de "redimir" a partir do que é apresentado; se possível, associar o termo a situações conhecidas dos catequizandos em que as ações foram aplicadas na comunidade por algum conhecido ou por eles mesmos.

Propor uma conversa sobre as afirmações apresentadas no livro do catequizando sobre a Encarnação; em seguida, pedir que respondam à questão sugerida:

- O que o nascimento de Jesus, a Encarnação, tem a ver com sua vida?

▷ **Trazendo a Palavra para a vida**

Propor ao grupo que cada um pense sobre as frases e as questões sugeridas e, depois, partilhe suas ideias e respostas.

Celebrando a vida

Comentar que, tal como fazia em sua vida terrena, Jesus continua a nos mostrar e a nos aproximar de Deus, ajudando-nos a perceber sua presença em nossa história. Apresentar exemplos sobre como Jesus fez isso junto às pessoas, como anunciou Deus Pai e seu amor. Destacar que, se nós nos aproximamos de Deus, somos chamados a mostrá-lo ao mundo e a anunciar seu plano para a humanidade, assim como Jesus fazia.

Convidar um catequizando para dizer as preces, que serão respondidas por todos. Após cada prece, fixar no cartaz o papel com a palavra a ela relacionada.

Pelos homens e pelas mulheres de todo o mundo que procuram a Deus, para que o encontrem. R.: *Ouvi-nos, Senhor Jesus!*	Fixar o papel com "procurar e encontrar Deus".
Pelos homens e mulheres do mundo inteiro que encontraram a Deus, para que o amem. R.: *Ouvi-nos, Senhor Jesus!*	Fixar o papel com "encontrar e amar a Deus".
Pelos homens e mulheres que amam a Deus, para que o revelem aos outros. R.: *Ouvi-nos, Senhor Jesus!*	Fixar o papel com "amar e revelar Deus".
Pelos homens e mulheres que não creem em Deus, para que sintam sua bondade e sejam justos e fraternos. R.: *Ouvi-nos, Senhor Jesus!*	Fixar o papel com "sentir a bondade de Deus".
Por todos nós neste grupo, para que possamos nos aproximar sempre mais de Deus. R.: *Ouvi-nos, Senhor Jesus!*	Fixar o papel com "aproximar-se de Deus".
Por todos aqueles que encontramos em nosso caminho e nos fizeram sentir o amor de Deus. R.: *Ouvi-nos, Senhor Jesus!*	Fixar o papel com "mostrar o amor de Deus".

Convidar a todos para rezarem juntos o salmo indicado: Sl 19(18),2-5.

Transformando a vida

Comentar que quando entendemos que Deus nos ama tal como somos, com nossas faltas, infidelidades e indiferenças, nós nos sentimos interpelados a ter essa mesma atitude de amor para com as pessoas à nossa volta. Após o comentário, incentivar a refletir e buscar uma resposta à questão em seus livros.

Uma reflexão para o caminho

Incentivar o grupo para a leitura do texto em seus livros no decorrer da semana e a anotar algo significativo para partilhar com os colegas.

4 Jesus anuncia o Reino de Deus

➤ Objetivo

Demonstrar que Jesus anuncia o Reino de Deus, uma proposta de vida para cada ser humano e para toda a humanidade.

➤ Recursos e ambientação

Providenciar: tarjas de papel em duas cores de sua escolha – sendo 14 tarjas (tamanho pequeno) de uma cor e 36 tarjas (tamanho pequeno) da segunda cor; folha de cartolina; fita adesiva ou alfinetes; uma caixa qualquer (ou uma pequena sacola de tecido ou papel).

Em cada uma das tarjas da primeira cor, escrever uma das palavras: guerra, fome, miséria, violência, corrupção, preconceito, discriminação, intolerância, falta de moradias, falta de hospitais, falta de saneamento básico, falta de escolas, desigualdade, violência de gênero.

Em cada tarja da segunda cor, escrever uma das palavras: cuidado, igualdade, paz, amor, justiça, respeito, liberdade, partilha, perdão, tolerância, compaixão, solidariedade. Cada uma dessas palavras deve ser escrita em três papéis da segunda cor.

Desenhar no centro da folha de cartolina um círculo grande e fixar sobre ele os papéis da primeira cor, com as palavras visíveis. Deixar a folha de cartolina sobre uma mesa e/ou lugar visível ao grupo. À volta do círculo, escrever: "As injustiças não são naturais nem inevitáveis; são obra humana. A normalidade a que somos chamados é a do Reino de Deus" (Papa Francisco, 2020d).

Colocar as tarjas da segunda cor na caixa (ou sacola).

➤ Sugestão de leitura

PAPA FRANCISCO. Papa apela aos governantes cristãos para que perdoem a dívida dos países pobres. *Vatican News*, 1 jan. 2025. Disponível em: https://www.vaticannews.va/pt/papa/news/2025-01/papa-francisco-dia-mundial-da-paz-angelus-perdoar-divida-jubileu.html. Acesso em: 7 jan. 2025.

Orientações e comentários

Destacar que Deus se fez homem, em Jesus Cristo, para nos revelar o que Ele quer para cada um de nós e para toda a humanidade. Ele quer revelar seu amor por cada pessoa e, por isso, como nos diz o Papa Francisco (2017): "Cada um de nós é uma história de amor de Deus".

Perguntar ao grupo: Se somos amados por Deus, como é o mundo desejado por Ele? Como é o mundo sugerido no Livro do Gênesis (cf. Gn 2,4-25)?

A partir das compreensões dos catequizandos, explorar as informações apresentadas no texto inicial de seus livros, comentando sobre as expectativas do povo judeu, acerca do Messias, a compreensão de reino e, por fim, apresentar a pessoa de Jesus como Messias, que veio fazer a vontade do Pai, com a missão de ensinar e tornar conhecido o Reino de Deus.

Vida e Palavra se encontram

Comentar sobre o costume de Jesus de ir à sinagoga aos sábados, como judeu que observava os preceitos. Com a leitura do texto do Profeta Isaías, Jesus apontava sua missão e o sentido do Reino de Deus.

Explicar o significado de "sinagoga" a partir do que é apresentado. Se for conveniente, apresentar ao grupo imagens do interior e do exterior de uma sinagoga, compartilhando via WhatsApp ou imprimindo imagens obtidas na *internet*.

Texto bíblico: Lc 4,14-22.

▷ O que diz a Palavra?

- Contextualizar e explorar o que diz o texto, identificando seus personagens, suas falas e o acontecimento narrado, e solicitar ao grupo:
  - Ler mais uma vez o texto proposto.
  - Responder: "Que acontecimento da vida de Jesus o texto narra? Onde se dá esse acontecimento?".
- Depois, orientar o grupo a responder à pergunta apresentada em seu livro.
  - O que você destaca nesse texto?

▷ O que a Palavra diz para você?

Explorar o sentido do texto dialogando sobre as frases e questões propostas, comentando com o grupo sobre elas a partir dos seguintes aspectos:

- A graça pode significar favor ou benefício concedido pelo rei (cf. Gn 30,27).
- O tempo da graça é tempo de salvação (cf. Jo 1,16s.; Rm 5,12-17), de perdão. Pode ser feita uma analogia à situação atual, em relação

às dívidas dos países mais pobres que, se perdoadas, configuram uma graça ao povo.

- A expectativa sobre o "ano da graça do Senhor" existia, porque indicava o perdão das dívidas e uma nova distribuição das terras.
- O fato de Jesus se identificar com o Messias que conduziria a humanidade a ser libertada e alcançar o Reino de Deus.
- O fato de Jesus ser identificado como o filho do carpinteiro impedia que fosse reconhecido como o Messias.
- Jesus anunciou o Reino por meio de palavras, gestos e atitudes, sem, no entanto, defini-lo.

▷ **Trazendo a Palavra para a vida**

Propor ao grupo uma conversa sobre as questões sugeridas no livro e a partilha de suas ideias e suas respostas.

Explorar o significado de "conversão" a partir do que é apresentado no livro e dar ao grupo exemplos concretos de conversão, como pessoas que são testemunhas na comunidade ou a vida de algum santo, podendo ser o padroeiro da paróquia ou outro que seja admirado por algumas pessoas do grupo.

Celebrando a vida

Convidar os catequizandos para que se aproximem da mesa e/ou local onde está o cartaz para que possam observar as palavras apresentadas no círculo desenhado.

Orientar para que todos leiam as realidades indicadas sobre o círculo (papéis da primeira cor), reservando um tempo para isso. Em seguida, apresentar a primeira pergunta que está no livro, motivando uma reflexão individual. Convidar o grupo, após alguns minutos, a realizar uma partilha sobre o que a questão sobre as realidades expressadas nas palavras provocou em cada um.

A partir da leitura do texto no livro do catequizando, despertar a consciência de que, em Jesus, encontramos esperança e força para transformarmos as realidades difíceis com as quais nos deparamos na sociedade. Pedir que cada um pense como pode combater essas realidades; apresentar as tarjas de papel da segunda cor, disponíveis na caixa ou sacola, e pedir que escolham uma das palavras para, simbolicamente, transformá-la, colocando a tarja da segunda cor com a palavra escolhida sobre a(s) palavra(s) no círculo.

Propor uma partilha sobre o que pensam acerca das questões apresentadas no seu livro.

Convidar para rezarem juntos o salmo sugerido: Sl 146 (145),8-10.

Transformando a vida

Comentar que Jesus comparou o Reino de Deus a um grão de mostarda (cf. Mt 13,31s.): parece tão insignificante, mas torna-se uma árvore capaz de abrigar em seus galhos todos os pássaros. Vivemos em um mundo de grandezas, de "tudo muito", da busca de ser visto e ser importante; e muitos se esquecem de que a vida acontece nas pequenas coisas que realizamos no nosso dia a dia. O Reino de Deus poderá ser uma "árvore grande" se for vivido na simplicidade dos pequenos gestos e nas pequenas coisas, se as palavras e as intenções se tornarem práticas concretas de respeito, cuidado ao ambiente, exercício dos deveres e direitos em prol do bem comum.

Uma reflexão para o caminho

Motivar o grupo a, durante a semana, ler e refletir sobre o texto proposto em seus livros e refletir sobre uma organização social baseada na contribuição de todos, na partilha e na distribuição e sobre Jesus como sinal da ternura que deve existir nas relações interpessoais.

Orientar para que registrem suas reflexões para compartilhar no próximo encontro.

5 O Reino de Deus é dom de amor

➤ Objetivo

Apresentar o Reino de Deus como uma proposta de vida que nasce no seu amor e com a qual somos chamados a colaborar.

➤ Recursos e ambientação

Providenciar: ramos de trigo, dispostos junto a uma cruz, que será colocada ao centro de uma pequena mesa; folhagens distribuídas à volta da base da cruz; sementes (escolher sementes de uma planta que possa permanecer no local dos encontros e que tenha um crescimento relativamente rápido); vaso grande com terra; um cartão para cada participante com a frase "Age como se tudo dependesse de ti, mas consciente de que na realidade tudo depende de Deus".

Colocar o vaso com terra no chão, em frente à mesa. Se possível, deixar esse vaso no local onde se realizam os encontros para que o grupo cuide e acompanhe o desenvolvimento da planta.

➤ Sugestão de canto

Deixa Deus sonhar em ti. [*s. l.*: *s. n.*], 2022. 1 vídeo (1min25s). Publicado pelo canal Frei Gilson/Som do Monte – Oficial. Disponível em: https://youtu.be/QCBRPYVsdQ4?si=Lg8Deb1vBsdglv4q. Acesso em: 10 fev. 2025.

Orientações e comentários

Recordar que Jesus revelou quem é Deus e qual sua vontade para nós, seres humanos. E, por que nos ama infinitamente, Ele só pode querer o melhor para cada um de nós. O "paraíso", como descrito no Livro de Gênesis, corresponde ao mundo que Deus quer.

Explicar o significado de "paraíso" a partir do que é apresentado no livro do catequizando. Comentar que o sentido de jardim das delícias está associado à alegria e à felicidade (cf. Gn 2,15); e, no Novo Testamento, o paraíso é onde se vive a felicidade eterna junto a Deus (cf. Ap 2,7).

Sobre esse mundo desejado por Deus, convidar o grupo a realizar uma experiência imaginativa pensando: "Qual é o sonho de Deus para cada um de nós e para a humanidade?".

Reservar tempo para essa experiência; para favorecer esse momento, sugere-se a música mencionada em **Sugestão de canto**. Depois, convidar o grupo a partilhar suas respostas.

Vida e Palavra se encontram

Explicar o significado de "parábolas" a partir do que é apresentado no livro do catequizando. Destacar que o objetivo de uma parábola não está no fato descrito em si, mas na mensagem que ela traz. Jesus ensinava com parábolas como mudar a realidade a partir da transformação das pessoas.

Texto bíblico: Mt 13,24-30.

▷ O que diz a Palavra?

- Contextualizar e explorar o que diz o texto, identificando seus personagens, suas falas e o acontecimento narrado. Depois de uma leitura individual e silenciosa, apresentar cada uma das questões sugeridas:
  - Sobre o que fala esse texto? Quais são os personagens?
  - Quais os elementos centrais (simbólicos) na parábola?
- Propor a partilha e depois motivar para que cada um apresente a sua resposta à questão proposta em seu livro: "Que versículo você destaca?".

▷ O que a Palavra diz para você?

Apresentar o sentido do texto bíblico dialogando com o grupo. Propor a leitura do texto sobre esse item que está no livro do catequizando e a partilha das respostas às questões indicadas.

Explicar que o joio, também chamado cizânia, é uma planta daninha em lavouras de trigo que pode provocar infestação por fungos; a planta nova é bastante semelhante ao trigo, mas, quando as espigas estão formadas, as semelhanças desaparecem (Mundo Ecologia, 2019).

▷ Trazendo a Palavra para a vida

Com as afirmações e questões sugeridas no livro do catequizando, propor ao grupo uma conversa sobre a misericórdia de Deus e a necessidade do ser humano aprender a exercitar o perdão e a conversão e a partilha de suas ideias e respostas.

Celebrando a vida

Comentar que, em nossa vida, podemos ter "joio" perto de nós e, por isso, precisamos saber conviver com isso, mas não fingindo que não existe o joio. Explicar que a palavra obedecer significa *dar ouvidos a, prestar atenção.*

Destacar que, quando realmente queremos seguir Jesus, obedecemos, isto é, ouvimos, aceitamos e vivemos seus ensinamentos, confiantes de que Ele nos guia por caminhos seguros. Deus espera de cada um de nós atitudes nascidas da confiança e da obediência a Jesus e da certeza de que tudo depende dele. Pode, também, recordar as palavras de Jesus na parábola da semente que cresce (Mc 4,26-29): "quer ele [o homem] durma ou vigie, de dia ou de noite, a semente germina e cresce sem que ele saiba como" (v. 27). Deus é o Senhor do Reino e nós somos seus colaboradores que, contemplando a obra divina, dela esperamos os frutos.

Seguindo a proposta do livro do catequizando, pedir aos catequizandos para formar três grupos atribuindo os nomes indicados: confiança, obediência e seguimento. Solicitar que realizem a atividade conforme a orientação em seus livros.

Aguardar um tempo para a conversa nos grupos e, em seguida, propor a partilha das ideias surgidas, com a participação de todos.

Distribuir sementes aos catequizandos e convidar a plantá-las no vaso com terra. Cada um é chamado e dizer o que quer plantar para que o Reino de Deus cresça no mundo.

Convidar para juntos rezarem o salmo sugerido: Sl 37(36),3-6.

Transformando a vida

Comentar que, muitas vezes, ficamos indiferentes ao que se passa à nossa volta, mesmo quando identificamos situações injustas ou violentas. Explicar que o que Deus espera de nós não é a indiferença, mas atitudes concretas que façam crescer o Reino entre nós.

Para que possam responder à questão apresentada no livro, incentivar a assumirem uma ação transformadora individual, que realmente possam cumprir e, assim, colaborar para que o Reino de Deus se faça presente em nossas realidades.

Uma reflexão para o caminho

Incentivar a leitura do texto durante a semana e propor que observem como exercitam a paciência e em que momentos a pressa dificulta a vivência da espiritualidade em seu dia a dia.

Convidar a fazer anotações que possam contribuir com um olhar mais atento sobre si mesmos e com a compreensão da vocação à paciência para compartilhar no próximo encontro.

6 Encontrar Jesus é deixar-se transformar

➤ Objetivo

Explicar que o encontro com Jesus é transformador para quem está aberto a tal experiência.

➤ Recursos e ambientação

Providenciar: imagem de uma cena de Jesus falando às multidões, colocada sobre um suporte ou fixada à parede, para que possa ser tocada pelos catequizandos; folhas de papel sulfite para cada catequizando.

➤ Sugestões de leitura

PAPA FRANCISCO. O verdadeiro encontro com Jesus transforma a vida. *Vatican News*, 15 set. 2024b. Disponível em: https://www.vaticannews.va/pt/papa/news/2024-09/angelus-papa-francisco-15-09-24.html#:~:text=Trata%2Dse%20de%20ter%20com,n%C3%A3o%20sei%20quem%20%C3%A9%20Jesus. Acesso em: 9 jan. 2025.

PAPA FRANCISCO. Do verdadeiro encontro com Jesus nunca se esquece. *Vatican News*, 2021a. Disponível em: https://www.vaticannews.va/pt/papa/news/2021-01/papa-francisco-angelus-17-janeiro-2021.html. Acesso em: 9 jan. 2025.

Orientações e comentários

Comentar que Jesus caminhava entre as pessoas e, com seus gestos, palavras e atitudes, anunciava qual a vontade de Deus para elas. Atento à realidade do povo, Jesus mostrava um mundo possível. Perguntar ao grupo: *Como é esse mundo*? A resposta pode ser: *Aquele onde todos se reconhecem como irmãos e vivem a paz*. Para isso, Jesus sabia que seria preciso transformar as pessoas por dentro, para que suas vidas e o mundo fossem também transformados.

A partir da leitura do texto inicial no livro do catequizando, perguntar o que o grupo entende por *milagre*. Explicar que, para o povo judeu, todos os acontecimentos eram atribuídos a Deus: uma batalha vencida sobre um inimigo, uma colheita abundante, uma tempestade muito forte, ou outro acontecimento. Os milagres são, na verdade, sinais de Deus apenas quando existe fé. Na Bíblia, um milagre é sinal do poder e da misericórdia de Deus: o importante é ser sinal, e não o fato de estar além das leis da natureza.

Vida e Palavra se encontram

Comentar que Jesus despertava o interesse das pessoas, nos lugares por onde passava, porque apresentava uma proposta de vida que devolvia a dignidade e a liberdade a cada um. A essa proposta está associada a esperança diante das possibilidades de transformação pessoal e social que Ele indicava serem possíveis. Assim como na época de Jesus, isso é importante também hoje para conceder às pessoas as condições para uma vida digna e para reconhecer que Deus ama todos igualmente.

Texto bíblico: Mc 2,1-12.

▷ O que diz a Palavra?

- Após uma nova leitura individual, contextualizar e explorar o que diz o texto, identificando seus personagens, suas falas e o acontecimento narrado. Na sequência, motivar uma conversa sobre as questões propostas e, por último, pedir que escolham uma resposta à pergunta sugerida no livro do catequizando.
- Orientar para que cada um:
  - Responda:
    - Sobre o que fala esse texto?
    - Que palavras Jesus pronuncia?
  - Escolha: que palavra ou versículo você destaca?

▷ O que a Palavra diz para você?

Apresentar o sentido do texto bíblico dialogando com o grupo.

Explorar a situação a que o povo estava submetido, como eram vistos pelas autoridades e o descaso destas com os fragilizados. É nesse contexto que acontecem os milagres de Jesus na vida das pessoas. Os milagres eram sinais da bondade de Deus, que levava a crer na pessoa de Jesus e em suas palavras (cf. Jo 2,11.23). No entanto, Ele realizava os milagres para conceder vida nova aos humilhados e sofredores. Ao vivenciar essa experiência de ser beneficiada por um milagre, a pessoa fazia uma experiência de encontro com Deus e de conversão.

Conduzir o grupo a refletir e partilhar as respostas das questões em seus livros.

▷ Trazendo a Palavra para a vida

Propor ao grupo uma conversa sobre as questões sugeridas no livro e a partilha de suas ideias e suas respostas.

Dialogar com o grupo sobre a experiência de encontro com o Senhor, de reconhecer sua presença em nossas vidas, no dia a dia. Destacar as questões sobre como viver e aprofundar essa experiência a partir das sugestões em seus livros, levando-os a pensar em suas relações pessoais com Jesus.

Celebrando a vida

Entregar a cada catequizando uma folha de papel e orientar para que façam o que está indicado em seu livro. O objetivo é levar o catequizando a perceber-se necessitado de Jesus e compreender o que isso significa em seu dia a dia.

Se for conveniente, colocar uma música instrumental ou um refrão meditativo que favoreça a reflexão.

Depois que todos do grupo tiverem concluído sua oração pessoal, convidar para, juntos, rezarem o salmo: Sl 136(135),1-4.

Transformando a vida

Comentar que, para agir em nossa vida, Jesus espera o nosso sim: Ele não impõe sua vontade e precisa da nossa colaboração. Propor uma conversa sobre essa dinâmica: a vontade de Jesus de agir em nossa vida e a nossa vontade de sermos transformados por Ele. Em seguida, pedir que cada um responda à questão apresentada no livro.

Uma reflexão para o caminho

Orientar que leiam o texto no decorrer da semana e registrem o que ele mobilizou cada um a buscar a partir do que o encontro inspirou a transformar em suas vidas.

7 Jesus morre na cruz

> **Objetivo**

Promover a compreensão do Mistério da vida de Jesus e da Cruz na fidelidade ao Pai e no amor aos seres humanos.

> **Recursos e ambientação**

Providenciar: uma cruz grande, para ser colocada no chão, sobre um pano de cor roxa; uma cruz de papel (sugestão: 10x15cm) para cada participante. Essas cruzes de papel deverão ser colocadas ao lado da cruz maior.

Orientações e comentários

Algumas questões que podem ser apresentadas ao grupo para iniciar o encontro:

- Como se sentem diante de uma ideia ou uma proposta que alguém apresenta?
- O que é preciso para aceitar uma proposta?
- E se a proposta implicar uma mudança radical em sua vida?
- O que somos capazes de fazer por alguém a quem muito amamos?
- E o que somos capazes de fazer por alguém que nos prejudicou ou feriu?

Após explorar as perguntas ler o texto no livro do catequizando destacando: como as pessoas compreendiam, aceitavam ou não a proposta de Jesus. Aqueles que não aceitavam sentiam-se intimidados por ele e, temendo perder seu poder, assumem uma postura injusta e violenta.

Vida e Palavra se encontram

Explicar o significado de "Paixão" a partir do que é apresentado no livro do catequizando. Comentar que *paixão* é o termo cristão usado para descrever os acontecimentos e os sofrimentos físicos, espirituais e mentais de Jesus nas horas que antecederam sua morte. Por volta do século XIV, a palavra passou a ter o sentido de forte emoção e, ainda mais tarde, o de sentimento ligado a outra pessoa.

Texto bíblico: Mc 15,20-39.

Sugestão: fazer a leitura do texto de forma dialogada: narrador (catequizando), Jesus (catequista), outros personagens (catequizandos).

▷ O que diz a Palavra?

- Contextualizar e explorar o que diz o texto, identificando seus personagens, suas falas e o acontecimento narrado.
- Orientar o grupo a:
  - Ler mais uma vez o texto proposto.
  - Identificar: qual o contexto dessa passagem do Evangelho segundo São Marcos?
- Em seguida, motivar a compartilharem as respostas às questões apresentadas no livro do catequizando.

▷ O que a Palavra diz para você?

Apresentar o sentido do texto bíblico dialogando com o grupo.

Explicar o significado de "pecado" a partir do que é apresentado. Comentar que o pecado é fruto de uma decisão pessoal, livre e consciente; e, muitas vezes, o pecado se dá por uma omissão, por nada fazermos ou dizermos diante de alguma situação que exigiria uma atitude nossa. Ao pecado correspondem, sempre, atitudes de egoísmo, orgulho, ambição e inveja que geram injustiças e violência, lutas entre indivíduos ou povos. Pecado é resistir a Deus e ignorar seus sinais de amor por nós.

Comentar sobre a cruz na experiência de Jesus e seu sinal para a humanidade: fomos resgatados pelo amor do Pai que, em seu Filho, nos redime de todo pecado e nos dá a oportunidade de construir uma vida nova fundamentada em seu amor.

Motivar a reflexão seguindo a proposta de textos e questionamentos do livro do catequizando e a partilha da compreensão e do sentimento diante do que leram e ouviram.

▷ Trazendo a Palavra para a vida

Propor ao grupo uma conversa sobre as questões sugeridas e a partilha de suas ideias e suas respostas.

Resgatar: a grandeza do amor de Deus pela humanidade, seu projeto, e questionar como podemos ser hoje fiéis ao projeto do Pai e qual era o sentimento dos seguidores de Jesus diante da sua morte de cruz.

Explicar o significado da expressão "rasgar o véu do Templo" a partir do que é apresentado no livro do catequizando. Comentar que o sacrifício de Jesus abriu caminho para reaproximar Deus e a humanidade.

Incentivar a refletir e responder as questões em seus livros e a partilhar com o grupo.

Celebrando a vida

O acontecimento da Paixão e Morte de Jesus não é algo distante da nossa vida nem algo que ficou no passado. Na cruz, Jesus nos ensinou o caminho para superar divisões, preconceitos, fundamentalismos e falta de amor. Porém, no mundo há muitos crucificados por causa das nossas atitudes que atualizam a Paixão de Jesus.

Convidar dois catequizandos para as leituras do texto proposto no livro do catequizando. Em seguida, convidar o grupo a fazer um momento de silêncio, questionando-se sobre o que querem dizer diante da cruz.

- Entregar uma cruz de papel a cada participante.
- Pedir que cada um faça o que é proposto no seu livro e conclua esse momento celebrativo com uma prece em silêncio junto à cruz que está no chão.
- Se for conveniente, usar um refrão meditativo ou uma música instrumental que facilite a reflexão pessoal.

Convidar para rezarem o salmo: Sl 22(21),4-6.

Transformando a vida

Comentar: Jesus, verdadeiro Deus, aceitou a Cruz; Jesus, verdadeiro homem, sentiu medo. Contudo, em seu coração, transbordava a confiança no Pai e, então, a Ele entregou sua vida. Orientar o grupo a pensar sobre como nós encaramos os desafios e as dificuldades da vida e como olhar para a cruz de Jesus nos ajuda a pensar na nossa condição diante desses desafios. Convidar os catequizandos a pensar que resposta podem dar à questão em seus livros que seja uma forma de transformar as suas vidas.

Uma reflexão para o caminho

Orientar a leitura e reflexão do texto em seus livros e a realização de anotações sobre o impacto que causa em seu modo de pensar e agir.

8 Jesus vive no meio de nós

➤ Objetivo

Explicar a missão de anunciar o Cristo Ressuscitado presente na vida de todos nós.

➤ Recursos e ambientação

Providenciar: uma cruz de madeira grande (se for possível) com uma faixa de tecido branco à volta da haste vertical, para ser colocada no chão, no centro do local do encontro; uma vela grande de cera natural, que será colocada ao lado da cruz.

Preparar o espaço ao redor da cruz para que o grupo possa caminhar.

➤ Sugestões de leitura

TEMPESTA, O. Dom. Ressuscitou! *Vatican News*, 17 abr. 2022. Disponível em: https://www.vaticannews.va/pt/igreja/news/2022-04/ressuscitou.html. Acesso em: 10 jan. 2025.

CORBELLINI, V. Dom. A alegria da ressurreição do Senhor Jesus. *Vatican News*, 29 abr. 2022. Disponível em: https://www.vaticannews.va/pt/igreja/news/2022-04/a-alegria-da-ressurreicao-do-senhor-jesus.html. Acesso em: 10 jan. 2025.

PAPA FRANCISCO. Regina Cæli. *A Santa Sé*, 2023. Disponível em: https://www.vatican.va/content/francesco/pt/angelus/2023/documents/20230410-regina-caeli.html. Acesso em: 10 jan. 2025.

Orientações e comentários

Explorar o texto inicial do livro do catequizando destacando que a ressurreição de Jesus é o centro da fé cristã: "E, se Cristo não ressuscitou, a nossa pregação é vazia e a vossa fé também". (1Cor 15,14).

Explicar o significado da expressão "Páscoa judaica" – a *pessach* – a partir do que é apresentado. Páscoa significa passagem e, para os judeus, está relacionada à passagem de Deus no Egito, tomando a vida dos primogênitos, à passagem do povo pelo Mar Vermelho e à passagem da escravidão para a liberdade. A Páscoa cristã possui um vínculo estreito com a Páscoa judaica e tem no Êxodo o seu fundamento. Porém, a Páscoa de Cristo plenifica a Páscoa judaica.

Se for conveniente, explicar como são definidas as datas para a Páscoa judaica e para a Páscoa cristã.

Vida e Palavra se encontram

Explorar o texto apresentado no livro do catequizando e, antes da leitura do texto bíblico, o "evangelho do túmulo vazio", comentar que ele nos coloca diante do sinal da ação de Deus: o Ressuscitado. Deixando o sepulcro vazio, Jesus vem ao nosso encontro e nos faz um convite: acolher a graça da vida nova que Ele nos prepara. A ressurreição significa que o crucificado está vivo. Vivo na glória do Pai, intercedendo por nós; vivo e presente na história, como libertador e salvador de toda a humanidade; vivo e presente em nossa vida de cristãos, como nosso Senhor.

Texto bíblico: Mc 16,1-8.

▷ O que diz a Palavra?

- Após a leitura, contextualizar e explorar o que diz o texto bíblico, identificando seus personagens, suas falas e o acontecimento narrado. Conversar sobre as questões que estão a seguir para contribuir para uma melhor compreensão do texto. Depois, convidar o grupo a responder à questão proposta no livro do catequizando
  - Leia mais uma vez o texto proposto.
  - Sobre o que fala esse texto? Quando acontece o que é relatado?
  - Quais são os personagens?
  - Que frase ou palavra você destaca nesse texto?

▷ O que a Palavra diz para você?

Apresentar o sentido do texto bíblico dialogando com o grupo sobre a sua relação com as situações desafiadoras que são presenciadas em nosso cotidiano, no mundo. As bases para esse diálogo serão o texto e as perguntas do livro do catequizando; outras questões, importantes para a realidade em que o grupo está inserido, podem ser acrescentadas.

▷ Trazendo a Palavra para a vida

Propor ao grupo uma conversa sobre as questões sugeridas em seus livros e a partilha das ideias e respostas apresentadas.

Celebrando a vida

Convidar catequizandos para a leitura de acordo com o que é indicado no texto em seus livros.

Acender a vela grande e entregar a um catequizando, que se posicionará à frente do grupo. Todos irão caminhar juntos, à volta da cruz, parando para as leituras.

Convidar a salmodiarem todos juntos o Sl 117(116),1-2, seguindo o que está proposto em seus livros e/ou com o uso da Bíblia.

Transformando a vida

Recordar ao grupo que, assim como as mulheres e os discípulos, nós somos chamados a ser anunciadores do Cristo Ressuscitado, e isso não acontece apenas com palavras, mas, também, com atitudes.

Motivar para que, a partir da questão em seus livros, os catequizandos procurem identificar as suas disposições para serem mensageiros de uma proposta de vida nova junto àqueles com quem convivem e/ou daqueles que precisam de alguém que os oriente.

Uma reflexão para o caminho

Orientar a leitura e uma reflexão sobre o texto proposto no livro do catequizando, realizando anotações para partilha com o grupo no próximo encontro.

9 Um único Deus, três Pessoas: a Santíssima Trindade

➤ Objetivo

Apresentar a relação de Jesus com o Pai e o Espírito Santo.

➤ Recursos e ambientação

Providenciar: ícone da Santíssima Trindade; quatro folhas de cartolina ou de papel *kraft* (de tamanho adequado para que as produções realizadas fiquem visíveis a todos no local do encontro).

Em cada folha (cartolina ou papel *kraft*), desenhar um dos conjuntos sugeridos, com uma linha ligando os três elementos indicados na sequência:

- Contorno de uma cabeça; boca; sopro.
- Nascente; rio; mar.
- Fogueira; chama; calor.
- Jardim; flor; perfume.

➤ Sugestões de leitura

CORBELLINI, V. (Dom). O Mistério da Santíssima Trindade em si e para a salvação humana. *Vatican News*, 27 maio 2021. Disponível em: https://www.vaticannews.va/pt/igreja/news/2021-05/o-misterio-da-trindade-em-si-e-para-a-salvacao-humana.html. Acesso em: 10 jan. 2025.

AUGUSTO, C. (Pe.). Reflexão para a solenidade da Santíssima Trindade. *Vatican News*, 25 maio 2024. Disponível em: https://www.vaticannews.va/pt/igreja/news/2024-05/reflexao-solenidade-santissima-trindade.html. Acesso em: 10 jan. 2025.

VENA, A. (Pe.). Santíssima Trindade. *Vatican News*. Disponível em: https://www.vaticannews.va/pt/feriados-liturgicos/santissima-trindade.html. Acesso em: 10 jan. 2025.

Orientações e comentários

A Santíssima Trindade é um dos temas mais difíceis de compreensão pelos catequizandos. É importante ajudar o grupo a perceber esse Mistério da fé e da nossa vida cristã, com clareza e leveza, evitando expressões que possam causar confusão. Só pela fé podemos conhecer as verdades que nossa inteligência, sozinha, não é capaz de alcançar.

Vida e Palavra se encontram

Destacar as informações sobre a promessa de Jesus aos seus discípulos de enviar o Espírito Santo que os ajudaria a recordar e a viver tudo o que Ele havia ensinado. Depois, convidar o grupo para acompanhar a leitura bíblica.

Texto bíblico: Jo 14,15-26.

▷ O que diz a Palavra?

- Contextualizar e explorar o que diz o texto, identificando seus personagens, suas falas e o acontecimento narrado. Após orientar a leitura individual do texto bíblico, propor as questões que se seguem para contribuir para uma melhor compreensão do texto. Depois, convidar para que respondam à questão sugerida no livro do catequizando, sublinhada na sequência, partilhando suas respostas.
  - O que diz o texto?
  - A quem Jesus fala?
  - O que mais chama sua atenção nesse texto?

▷ O que a Palavra diz para você?

Apresentar o sentido do texto bíblico dialogando com o grupo, a partir das afirmações e questionamentos apresentados em seus livros.

Destacar que, para os cristãos, a fé e a religião têm por base os ensinamentos de Jesus, que nos ensina: o Deus de Jesus é Pai, que tem um Filho amado e nos envia seu Santo Espírito.

Explicar o significado da palavra "pessoa" a partir do que é apresentado no livro do catequizando, complementando que essa palavra tem sua origem no latim *persona*, que significa soar através. "Pessoa" designava a máscara usada por atores no teatro grego para desempenhar um personagem. Muito tempo depois, no direito romano, pessoa estava associada a uma existência civil e a direitos; ainda mais tarde, foi atribuído ao termo um significado moral. Pessoa é alguém com uma identidade e características que lhe são próprias e fazem o conjunto da sua personalidade.

Trabalhar com o grupo o entendimento da Santíssima Trindade e sua unidade, sua diversidade e sua comunhão; depois, é importante esclarecer as dúvidas que tenham surgido entre os catequizandos.

▷ Trazendo a Palavra para a vida

Comentar que, mais do que explicar o Mistério da Trindade Santa, é preciso amar a Deus sobre todas as coisas, viver de acordo com o que

Jesus ensinou e pedir o auxílio do Espírito Santo em todos os momentos de nossas vidas.

Propor ao grupo uma conversa e a partilha de suas ideias relacionadas à questão sugerida em seus livros sobre o que cada um tem a dizer sobre a busca de inspiração na Trindade Santa em nossa sociedade e em suas relações, e o porquê de suas respostas.

Celebrando a vida

O Mistério da Santíssima Trindade é o Mistério central da fé e da vida cristã, mas não devemos olhar para ele como algo que precisamos decifrar por completo. Podemos, e devemos, buscar maneiras de nos aproximarmos sempre mais da verdade desse Mistério, ainda que sem o compreender por inteiro. Explicar a Trindade Santa é uma tarefa difícil e, por isso, recorremos a metáforas e analogias que nos ajudam a compreender melhor esse Mistério.

Apresentar os quatro cartazes com os elementos sugeridos, que deverão ser discutidos nos quatro pequenos grupos, formados conforme indicado no livro do catequizando.

Definir um tempo para a conversa nesses grupos e esclarecer dúvidas que possam ter surgido.

Motivar os catequizandos a transformarem as ideias conversadas em oração, que será partilhada com o grupo.

Depois da partilha das orações, motivar para que juntos rezem o salmo sugerido: Sl 95(94),1-3.

Transformando a vida

Para ajudar os catequizandos na escolha e na prática de um compromisso inspirado na Santíssima Trindade, recordar que cada Pessoa na Trindade Santa vive para o outro, não para si mesmo: o Pai não seria Pai sem o Filho, este só pode ser pensado como o Filho do Pai, e o Espírito Santo é o Espírito do Pai e do Filho. Isso nos interpela a viver com os outros e para os outros.

Uma reflexão para o caminho

Propor a leitura e uma reflexão sobre o texto em seus livros, motivando a anotar seus entendimentos e/ou questionamentos para a partilha no próximo encontro.

10 O que é a fé?

➤ Objetivo

Explicar que a fé é um dom de Deus que deve ser cultivado ao longo de toda a vida.

➤ Recursos e ambientação

Providenciar: vela grande; velas pequenas (uma para cada catequizando); cruz grande recortada em papel (cartolina, *kraft* ou papel-cartão) ou de madeira; 13 tarjas pequenas de papel, com tamanho adequado ao tamanho da cruz e para permitir ler, com clareza, as palavras que nelas serão escritas; fita adesiva (ou alfinetes para fixação).

Em cada tarja de papel, escrever uma das seguintes palavras: acreditar, experiência, vida, esperança, fidelidade, encontro, decisão, resposta, dom de Deus, perseverança, ato humano, confiança, pessoa.

Colocar a cruz no chão e, ao seu lado, colocar a vela grande.

➤ Sugestão de leitura

ROLLEMBERG, M. C. *Falar de fé na catequese*. Petrópolis: Vozes, 2023.

Orientações e comentários

Dar início ao encontro solicitando aos catequizandos que conversem sobre as questões iniciais apresentadas em seus livros. Depois, para ajudá-los na compreensão do que é a fé sugere-se utilizar palavras que, juntas, como em um quebra-cabeças, apresentam o sentido do que é a fé.

Para isso, as 13 palavras sugeridas devem ser organizadas na sequência proposta e exploradas uma a uma.

Depois de apresentar e comentar o texto inicial do livro do catequizando, fixar o papel com a palavra ACREDITAR na cruz.

Vida e Palavra se encontram

Motivar a leitura bíblica alertando que a partir do agir de Jesus na vida de duas pessoas, em situações bem diferentes, podemos compreender melhor o que é a fé.

Texto bíblico: Mt 9,18-26.

▷ O que diz a Palavra?

- Contextualizar e explorar o que diz o texto, identificando seus personagens, suas falas e o acontecimento narrado. Para ajudar a compreensão do texto, propor as questões na sequência; depois convidar a responder à questão presente no livro do catequizando.
  - Leia mais uma vez o texto proposto.
  - Quais são os personagens desse texto?
  - Qual a situação do chefe da sinagoga? E da mulher?
  - O que você destaca nesse texto?

▷ O que a Palavra diz para você?

Apresentar o sentido do texto bíblico dialogando com o grupo, apropriando-se do texto e das questões do livro do catequizando.

Comentar com o grupo que a fé atinge primeiro o coração, e não a razão; a palavra "crer" tem origem no latim *credere* e significa entregar o coração. Quem crê entrega o coração, isto é, a sua vida, àquele em quem crê. Ter fé é entregar a vida a Deus.

Conversar sobre o que é preciso saber para compreendermos o que é a fé, solicitando que o grupo leia os itens apresentados em seus livros. Após ler e comentar cada item, fixar na cruz (desenhada no papel ou de madeira) as tarjas com a palavra correspondente obedecendo à sequência proposta: *dom de Deus / decisão / ato humano / experiência.* Depois desse momento, prosseguir com a reflexão explorando aspectos da experiência de Deus a partir do que se pode aprender com os personagens do Evangelho: essa experiência é vivida ao sentirmos o amor de Deus; a iniciativa é sempre de Deus, mas nós somos sujeitos dessa experiência. Para concluir esse momento, fixar na cruz o papel com a palavra "Resposta".

▷ Trazendo a Palavra para a vida

Comentar e explicar o significado de cada atitude mencionada, motivando uma conversa entre todos. Na sequência mobilizar o grupo a fixar na cruz as tarjas com as palavras relacionadas às atitudes de fé apresentadas no texto de São Mateus, de acordo com a sequência proposta: *encontro / confiança / fidelidade / esperança.*

Com a leitura dos parágrafos no livro do catequizando, propor ao grupo uma conversa sobre as questões sugeridas e a partilha de suas ideias. Depois de cada partilha, fixar as tarjas mantendo a sequência indicada no livro: *pessoa / vida / perseverança.*

Celebrando a vida

Recordar que Jesus disse "Eu sou a Luz do mundo" (Jo 8,12) e, com sua luz, Ele nos tira da escuridão das dúvidas e das preocupações.

Acender a vela maior, com simplicidade, porém, com alguma solenidade.

Pedir para que cada catequizando pegue uma vela e a acenda na vela maior enquanto faz um pedido silencioso a Jesus para que o ajude a superar o que o desafia.

Quando todos estiverem com suas velas acesas, convidar para juntos dirigirem a Jesus um pedido para viver com alegria a fé, conforme proposto em seus livros.

Depois da oração, convidar para salmodiarem juntos: Sl 131(130),1-2.

Transformando a vida

Explicar que "cuidar da fé" é, também, cuidar da vida e significa permanecer firme no seguimento fiel de Jesus, praticando o que Ele ensinou e implorando que nossa fé cresça enraizada na fé da Igreja e carregada pela esperança (cf. ClgC, n. 162).

Motivar para que cada um busque identificar suas disposições para cuidar da sua fé: quais atitudes, como gerenciar o jeito de pensar e agir.

Uma reflexão para o caminho

Orientar a leitura e uma reflexão sobre o texto em seus livros; pedir que anotem suas percepções sobre a fé e a razão para compartilhar no próximo encontro.

Venha e veja!

Encontro em preparação à Admissão ao Catecumenato

➤ Objetivo

Explicar o significado de estar com Jesus e da decisão de segui-lo.

➤ Recursos e ambientação

Providenciar: uma cruz, uma Bíblia, uma vela grande; tecido branco; quatro folhas de papel.

Em cada folha de papel, escrever uma das frases sugeridas na sequência (ou outras semelhantes).

- Jesus, eu aceito o teu convite.
- Jesus, eu quero te conhecer mais.
- Jesus, eu quero permanecer contigo.
- Jesus, eu confio em ti.

Colocar a cruz, ladeada pela Bíblia e pela vela, sobre o tecido branco, no chão e no centro do local do encontro, deixando espaço para que os catequizandos possam formar um círculo ao seu redor. Sobre o tecido, colocar as folhas de papel com as frases sugeridas.

➤ Sugestão de leitura

RICA, n. 68-93.

Orientações e comentários

Explicar que, no caminho da Catequese, aproxima-se o fim do tempo do pré-catecumenato, durante o qual a Pessoa de Jesus foi apresentada, assim como sua proposta de vida para cada pessoa. A Igreja, alegremente, celebra a acolhida daqueles que querem perseverar nesse caminho com o Rito da Admissão ao Catecumenato.

Este encontro tem uma dinâmica distinta dos anteriores: centrado em um texto do Evangelho segundo São João, visa levar o catequizando a refletir e a amadurecer a decisão de seguir Jesus. Para isso, conduzir de maneira a facilitar a reflexão pessoal, a interiorização e a experiência.

Após a leitura dos parágrafos iniciais desse encontro, comentar que o texto bíblico proposto guiará e ajudará na reflexão de cada um quanto à decisão de tornar-se seguidor de Jesus.

Vida e Palavra se encontram

Comentar que o Evangelista João coloca o chamado dos primeiros discípulos de Jesus com uma dinâmica diferente daquela que encontramos nos textos sinóticos. São João coloca a iniciativa nos dois jovens que, ouvindo João Batista afirmar que Jesus era o Messias, começam a segui-lo.

Texto bíblico: Jo 1,35-41.

▷ O que diz a Palavra?

- Contextualizar e explorar o que diz o texto, identificando seus personagens, suas falas e o acontecimento narrado. Propor uma nova leitura silenciosa do texto bíblico, seguida por uma conversa sobre as questões sugeridas. Depois, pedir que respondam à pergunta de seu livro e comentem com o grupo qual a palavra destacada e o motivo de sua escolha.
  - O que diz o texto?
  - Quais são os personagens dessa narrativa?
  - Que palavra você destaca nesse texto?

▷ O que a Palavra diz para você?

Apresentar o sentido do texto bíblico dialogando com o grupo a partir do texto e das questões em seus livros.

Mencionar o que o Papa Bento XVI afirmou: "Não se começa a ser cristão por uma decisão ética, uma grande ideia, mas por um encontro, um acontecimento, uma experiência com Jesus". (DCE, n. 1). Essas palavras são iluminadas pelo texto do Evangelista João. Conhecer Jesus vem primeiro, segui-lo é consequência.

Refletir sobre os dois personagens do texto do Evangelho, os quais tinham um desejo simples: ver um dia comum na vida de Jesus, ver como ele se ocupava com pessoas e coisas; não queriam aprender doutrinas: sabiam que, para isso, deveriam passar por um longo período recebendo ensinamentos. Eles queriam *conhecer quem era Jesus.* Por fim, a experiência do encontro com Ele foi tão decisiva que logo começaram a seguir Jesus como discípulos e tornaram-se suas testemunhas.

Ao perguntar o que procuram, Jesus mostra que o seguimento não pode ser resultado de uma escolha impensada: é preciso reconhecer *o que* e *a quem* procuramos; precisamos estar comprometidos a buscar e dispostos a deixar nossas seguranças para nos abrirmos ao dom de Deus.

As questões propostas neste encontro são bem pessoais; a intenção é levar cada catequizando a se identificar como um dos jovens que se aproximaram de Jesus e refletir sobre sua adesão pessoal à proposta que Ele apresenta.

▷ Trazendo a Palavra para a vida

Formar duplas e propor uma conversa sobre o texto e as questões sugeridas; em seguida, pedir que todos partilhem suas ideias e suas respostas.

Celebrando a vida

Explicar o sentido e a importância dos símbolos utilizados no caminho da Catequese e no seguimento de Jesus; explorar, também, que nosso nome nos identifica e nos distingue das outras pessoas como cidadãos e como cristãos. Por fim, comentar que quando saímos do lugar onde estamos, demonstramos disposição, vontade para realizar ou vivenciar algo.

Orientar para que cada um diga seu nome, colocando-se à volta dos símbolos, e pense o que gostaria de dizer a Jesus nesse dia.

Pedir que cada catequizando escolha uma das frases apresentadas para ler e a complete, expressando como se sente nesse momento importante da vida e da catequese – a Admissão ao Catecumenato.

Concluído esse momento, convidar para rezarem juntos o salmo sugerido: Sl 118(117),1-2.

Transformando a vida

Fazer uma breve explicação sobre o Rito da Admissão ao Catecumenato.

Comentar os diálogos entre o presidente da celebração e cada catequizando, apresentando e explicando as respostas que darão. Mencionar que o rito deve ser celebrado com alegria: pela comunidade que, em nome da Igreja, acolhe aqueles que querem também ser discípulos de Jesus; pelos catequizandos que, ao responderem "sim, eu quero!" mostram o coração e a mente abertos para acolher a Pessoa de Jesus e seus ensinamentos.

Motivar a refletirem sobre o compromisso que cada um pode assumir para mostrar disposição em seguir Jesus.

Uma reflexão para o caminho

Orientar a leitura e uma reflexão sobre o texto em seus livros e pedir que anotem seus sentimentos e seus questionamentos, tendo em vista que a decisão de permanecer com Cristo exige disciplina e motivação.

Para saber mais...

Conduzir uma leitura coletiva explicada do texto proposto no livro do catequizando; alternativamente, cada catequizando faz uma leitura individual e apresenta suas dúvidas, questionamentos e reflexões no encontro seguinte.

É interessante mencionar, inicialmente, que o sinal da cruz não é algo mágico nem superstição e não deve ser feito com displicência, nem de maneira incompleta. É preciso compreender seu significado.

Explicar o significado de sacrifício e de Eucaristia a partir do que é apresentado no texto.

Explorar que a celebração da Eucaristia é um rito cristão (cf. At 2,42.46; 1Cor 10,16); é o novo maná oferecido ao povo pelo novo Moisés (cf. Mt 14,19-21; Jo 6,1-15).

SUGESTÕES DE LEITURA

- ROLLEMBERG, M. C. O catequista educa para viver da liturgia. *In*: CALIKOSKI, C. R.; PUPO, D. R.; NASCIMENTO, F. C. et al. *Catequizar...Sempre!* Ministério de Catequista: caminho de formação. Petrópolis: Vozes, 2023.
- CNBB. *Constituição Sacrosanctum Concilium. Sagrada Liturgia* – Uma leitura popular. Brasília: Edições CNBB, 2019.

TEMPO DO
CATECUMENATO

Catequese é aprender com Jesus

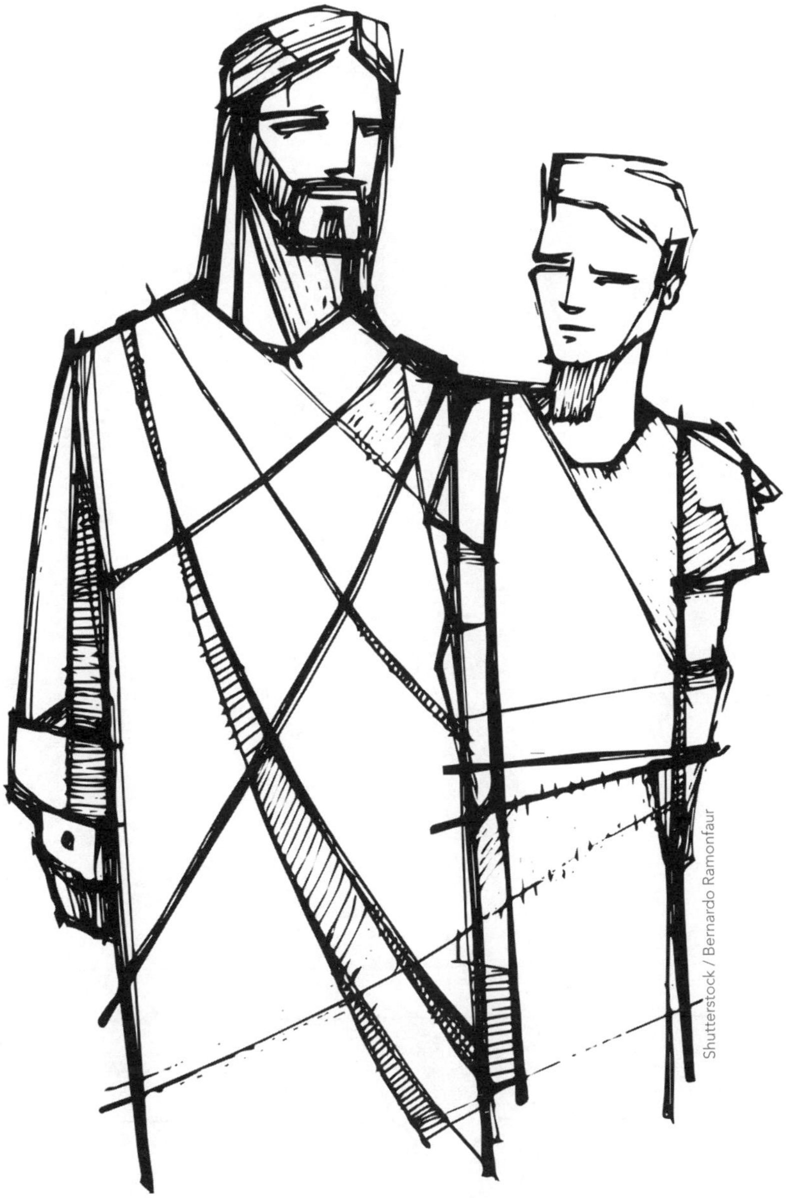

Shutterstock / Bernardo Ramonfaur

O QUE É O TEMPO DO CATECUMENATO

A fé inicial precisa ser educada e alimentada. Assim, no tempo do catecumenato, a pessoa recebe formação e se exercita na prática cristã para que as intenções iniciais, manifestadas na celebração da entrada no catecumenato, possam amadurecer. Esse é o tempo da catequese propriamente dita, isto é, do ensino e da aprendizagem, apoiado em reflexões sobre a Palavra de Deus.

Durante esse tempo, o catequizando conhecerá as verdades da fé cristã, aproximando-se do Mistério da Salvação do qual quer participar e aprofundando-se no entendimento dos elementos fundamentais da fé cristã, em especial a História da Salvação e o Creio. Ao mesmo tempo, será incentivado a ter o hábito da oração, crescendo na esperança em Cristo, a ouvir e a seguir a inspiração de Deus em sua vida e a despertar para a prática da caridade. Com isso, deixando-se transformar pelo Senhor, o catequizando manifesta (ou começa a manifestar) uma mudança de mentalidade e de costumes, o que leva a consequências sociais baseadas nos valores do Evangelho (cf. RICA, Introdução n. 19).

11 Bíblia, mensagem de Deus para a humanidade

➤ Objetivo

Explicar os elementos essenciais da Bíblia, pela qual Deus lhe fala.

➤ Recursos e ambientação

Providenciar: cesto (caixa ou bandeja); cartões ou pequenas folhas de papel (quantidade maior do que o número de catequizandos).

Em cada cartão (ou folha de papel) escrever uma das frases sugeridas:

- "Eu sou o Caminho, a Verdade e a Vida" (Jo 14,6).
- "Ninguém vai ao Pai senão por mim" (Jo 14,6).
- "Eu sou a luz do mundo, quem me segue não andará nas trevas" (Jo 8,12).
- "O Senhor é meu pastor: nada me falta" (Sl 22).
- "Não tenhas medo, tu és meu" (Is 41,10).
- "Senhor, para quem iríamos? Tu tens palavras de vida eterna" (Jo 6,68).
- "Eu sou o pão da vida" (Jo 6,35).
- "Vai, e de agora em diante não peques" (Jo 8,11).
- "Eu sou a porta. Quem entrar por mim será salvo" (Jo 10,9).
- "Felizes os que não viram e creram" (Jo 20,29).
- "Eu sou o bom pastor. O bom pastor dá a vida por suas ovelhas" (Jo 10,11).
- "Eu vim para que tenham vida e a tenham em abundância" (Jo 10,10).
- "E vós, quem dizeis que eu sou?" (Lc 9,20).
- "Assim como eu vos amei, amai-vos também uns aos outros" (Jo 13,34).
- "Que queres que eu te faça?" (Lc 18,40).
- "Fazei tudo o que Ele vos disser" (Jo 2,5).

Colocar os cartões em um cesto para que os catequizandos escolham no momento indicado.

Conversar com o grupo sobre a celebração da Admissão ao Catecumenato: como se sentiram, o que mais chamou a atenção e a motivação para seguir adiante.

➤ Sugestões de leitura

ClgC, n.101-133.

KNUPP, L. Dom. *A Palavra de Deus*: alimento para a Catequese. Curitiba: CNBB/Regional Sul 2 – Catequese, 2009. Coleção Catequizar... Sempre!

Orientações e comentários

Conversar com o grupo sobre o fato de que a Igreja sempre venerou as Escrituras Sagradas, tal como venera o Corpo do Senhor (cf. CIgC, n. 103): a Bíblia é um livro da comunidade, da Igreja. Ao longo dos séculos, tem sido alimento para a fé do povo e sustento na caminhada da vida; descobrir a Palavra de Deus contida na Bíblia nos ajuda a permanecermos firmes naquilo que aprendemos.

Explicar o significado de Bíblia a partir do texto no livro do catequizando.

Esclarecer que quando nós, cristãos, nos referimos à Bíblia estamos nos referindo à Sagrada Escritura, à Palavra de Deus. Para quem não tem fé, a Bíblia é apenas um livro. Destacar que a expressão Sagrada Escritura é usada pelos cristãos para significar que os livros que formam a Bíblia são textos sagrados, porque estão relacionados a Deus; a expressão dá à Bíblia o destaque de *livro por excelência.*

Vida e Palavra se encontram

Texto bíblico: Is 55,1-11.

▷ O que diz a Palavra?

- Contextualizar e explorar o que diz o texto, identificando seus personagens, suas falas e o acontecimento narrado; apresentar as perguntas sugeridas, dando ênfase àquela que está no livro do catequizando:
  - O que diz o texto?
  - Que comparação faz o Profeta Isaías nesse texto?
  - O que chama sua atenção nesse texto?

▷ O que a Palavra diz para você?

Apresentar o sentido do texto bíblico, dialogando com o grupo e explicando o conteúdo de seus livros e as questões nele propostas.

▷ Trazendo a Palavra para a vida

Propor ao grupo uma conversa sobre as perguntas sugeridas e a partilha de suas ideias e suas respostas ao que é questionado no livro do catequizando:

- Como podemos partilhar a Palavra?
- A Palavra é viva e eficaz: o que isso significa?

Celebrando a vida

Reforçar para o grupo que, na Bíblia, Deus nos fala e, em cada momento da nossa vida, podemos nos abastecer com a Palavra de Deus: ela é dirigida a cada pessoa, na sua realidade. No entanto, não é algo mágico que traz respostas objetivas e imediatas; é preciso ter discernimento e, à luz da fé, compreender o que Deus nos diz e colocar sua Palavra em nossa vida e nossa vida em sua Palavra.

Motivar o grupo a refletir a partir da proposta em seus livros e apresentar o cesto (caixa ou bandeja) com os cartões preparados com os versículos escolhidos. Cada catequizando escolherá um dos cartões para ler, refletir e partilhar com o grupo suas ideias. Dando continuidade, reservar um tempo de silêncio para que cada um possa conversar com Deus.

Após esse momento de intimidade com Deus, propor que, juntos, dirijam a Ele um agradecimento. Em seguida, convidar para dizerem juntos o salmo sugerido: Sl 119 (118),103.105.

Transformando a vida

Comentar que podemos ler a Bíblia como parte de um estudo e que podemos rezar a Palavra, escutando o que Deus quer nos dizer, para conhecermos sua vontade e vivermos melhor o Evangelho. Não se trata de saber as coisas, mas de ter intimidade com a Palavra de Deus.

Após esse comentário, incentivar o grupo a pensar que compromisso podem *assumir em relação à Palavra de Deus.*

Uma reflexão para o caminho

Orientar a leitura e uma reflexão sobre o significado de buscar o Senhor, a partir do texto em seus livros, e o registro do impacto que causa em seu modo de pensar e agir.

12 História da Salvação, história de cada um de nós

> **Objetivo**

Explicar que Deus quis se revelar à humanidade e tornar conhecido o Mistério da sua vontade (cf. DV, n. 2).

> **Recursos e ambientação**

Providenciar: folhas de papel (uma para cada participante); lápis; 14 folhas de papel, com uma das seguintes palavras escritas em cada folha: opressão, aflição, escravidão, clamor, fome, violência, libertação, alegria, caminhada, páscoa, segurança, direitos, salvação, Jesus Cristo.

Definir um caminho no espaço do encontro, iniciando com as folhas com as palavras negativas para chegar às palavras positivas.

Entregar a cada catequizando uma folha de papel em branco e, se for necessário, lápis.

Orientações e comentários

A partir do comentário que no primeiro livro da Bíblia encontramos, na narrativa da criação, Deus à procura do ser humano no paraíso (cf. Gn 3,9), ajudar o catequizando a ter consciência de que a História da Salvação que lemos na Bíblia é a história de Deus que busca sem cessar o ser humano para lhe dar seu amor e levá-lo à salvação.

Na atividade inicial proposta para o encontro, que é desenhar uma linha que represente a história de vida do catequizando, com altos e baixos, acontecimentos e pessoas, mencionar que essa linha pode ser relacionada à História da Salvação – na qual o povo enfrenta dificuldades e guerras, mas vive tempos de paz e prosperidade e, em todas as situações, percebe a presença de Deus.

Questionar se reconhecem momentos de suas vidas em que identificam a presença atuante de Deus em sua história.

Comentar que é vontade de Deus que todos sejam salvos, mesmo com nossas faltas e infidelidades. Ele nos acompanha em direção à salvação definitiva, no fim da nossa história, que começa em Deus e termina no próprio Deus: essa é a nossa fé.

Recordar ao grupo que, no diálogo inicial no Rito de Admissão ao Catecumenato, à pergunta *"o que você pede à Igreja?"* cada um respondeu "*a vida eterna*". Essa resposta poderia, também, ser "*a salvação*". Precisamos, então, entender o que significa a salvação. Para isso, convidá-los a uma leitura em conjunto do que está proposto em seus livros. No decorrer dessa leitura, ajudar o grupo explicando o significado de povo de Israel a partir do que é apresentado. Recordar, se for necessário, o significado de *povo eleito* apresentado no terceiro encontro.

Vida e Palavra se encontram

Texto bíblico: Ef 1,3-12.

▷ **O que diz a Palavra?**

- A partir de uma nova leitura, contextualizar e explorar o que diz o texto, identificando seus personagens, suas falas e o acontecimento narrado. Orientar para que conversem sobre o que diz o texto e, por último, respondam à pergunta que está no livro:
  - Qual versículo chama sua atenção?

▷ **O que a Palavra diz para você?**

Apresentar o sentido do texto bíblico, dialogando com o grupo.

É importante deixar claro para os catequizandos o significado da bênção e o sentido e a grandeza de cada uma mencionada no texto bíblico, originada no Amor de Deus por cada pessoa.

Incentivar o grupo a refletir sobre o agir de Deus na vida de cada um, a partir da questão em seus livros.

Explicar o significado de predestinação a partir do que é apresentado no livro do catequizando. Em seguida, convidar o grupo a responder qual das bênçãos mencionadas no texto bíblico mais o sensibiliza, conforme a questão sugerida nos seus livros.

▷ **Trazendo a Palavra para a vida**

Propor ao grupo uma conversa sobre as questões sugeridas e a partilha de suas ideias e suas respostas.

Celebrando a vida

Refletir com o grupo sobre a importância de conhecer como foi a caminhada do povo no deserto, após a saída do Egito, e como esse conhecimento nos ajuda a perceber e compreender a presença de Deus em nossa vida, vindo ao nosso encontro, porque Ele quer nos libertar das situações de que nos prejudicam.

Orientar uma caminhada a partir do lugar onde estão as palavras negativas para onde estão as palavras positivas. Nos dois lugares, cada catequizando, espontaneamente, lê uma palavra e comenta, contextualizando-a na sua vida pessoal ou na sociedade em geral. O grupo é convidado a também comentar sobre a palavra escolhida por cada um.

Sugestão: durante a caminhada, cantar *O povo de Deus no deserto andava* (Pe. Zezinho).

Convidar para rezarem juntos o salmo indicado: Sl 78(77),3-4.

Transformando a vida

A História da Salvação é a *nossa* história. Cada um de nós é um protagonista da História da Salvação e tem um papel no projeto de Deus para toda a humanidade. A partir desse comentário, instigar o grupo a refletir sobre o que foi vivido no encontro e pensar que compromisso cada um pode assumir como protagonista e continuador da História da Salvação.

Uma reflexão para o caminho

Orientar a leitura e uma reflexão sobre o texto em seus livros; propor que cada um anote como se sente em relação à salvação e às formas de buscá-la. Esclarecer que as reflexões podem ser compartilhadas por quem desejar no próximo encontro.

13 A liberdade do ser humano

➤ Objetivo

Conduzir à compreensão de que Jesus é o caminho que leva à verdadeira liberdade.

➤ Recursos e ambientação

Providenciar: três pequenos cartazes, cada um com uma das frases: "liberdade é..." / "sou livre para..." / "sou livre para ser..."; fita crepe ou pequenos prendedores para expor as folhas de papel no local do encontro.

Orientações e comentários

Para iniciar este encontro, é sugerida uma conversa entre todos, na qual cada um é convidado a dizer o que pensa sobre liberdade. Algumas questões podem incentivar a conversa:

- Até onde vai a liberdade de uma pessoa?
- Como manter o equilíbrio na convivência entre as pessoas acolhendo a sua liberdade de expressão?
- Fazer tudo o que queremos é a verdadeira liberdade?

Apresentar o cartaz com a frase: "Liberdade é..." e fixá-lo em um lugar bem visível. Na sequência, apresentar a questão do livro do catequizando, "Afinal, o que é *liberdade*?", e motivar o grupo a respondê-la. Ao serem apresentadas as respostas, anotar no cartaz algumas delas, para motivar uma reflexão sobre como compreendemos a liberdade.

Comentar: Podemos dizer que liberdade é independência absoluta e legal de uma pessoa; é o direito de se expressar, agir e escolher; é ter permissão para alguma coisa; é a condição de não ser prisioneira ou escrava (DICIO, [2009]).

Prosseguir explorando a próxima questão, motivando o grupo para que, a partir de uma reflexão pessoal, analisem sua condição de liberdade, ou seja, se de fato são pessoas livres e o que justifica as suas respostas. Reservar um tempo para isso e para que, aqueles que desejarem, possam se manifestar compartilhando o seu sentir.

Apresentar o cartaz com a frase "Sou livre para..." e fixá-lo ao lado do primeiro cartaz, mencionando que outra maneira para falarmos sobre a liberdade diz respeito a *ser livre para.*

Motivar o grupo a responder à questão "E o que significa 'ser livre para'?" e anotar no cartaz algumas respostas; a partir delas, conduzir uma reflexão sobre o sentido de *ser livre para.*

Conversar sobre o fato de que quando não somos mais movidos pelo mundo nem pelos outros, mas pelo que identificamos como valores verdadeiros, nós nos tornamos *livres para* fazer, ter e falar.

Vida e Palavra se encontram

Texto bíblico: Jo 8,31-36.

▷ O que diz a Palavra?

- Contextualizar e explorar o que diz o texto, identificando seus personagens, suas falas e o acontecimento narrado. Pedir que leiam, em silêncio, mais uma vez o texto bíblico proposto e, em seguida, questionar:
    - A quem Jesus fala?
    - Como reagem aqueles que escutam as palavras de Jesus? Por quê?
- Propor a partilha e motivar para que cada um apresente a sua resposta à questão "O que você destaca nesse texto?", apresentada em seu livro.

▷ O que a Palavra diz para você?

Apresentar o sentido do texto bíblico, dialogando com o grupo a partir do texto e perguntas em seus livros, que envolvem a compreensão sobre o que é a verdade, o que significa permanecer na Palavra de Jesus e do que cada um precisa se libertar.

Após essa reflexão, apresentar o cartaz com a frase "sou livre para ser..." e fixá-lo ao lado dos outros dois. Prosseguir dialogando com o grupo sobre o que se entende hoje por viver livremente e como é possível viver a liberdade assumindo a vocação de ser filho de Deus. Questionar o grupo sobre o fato de muitas pessoas dizerem que seguir Jesus é perder a liberdade, explorando o que isso efetivamente implica nas atitudes e no comportamento humano.

▷ Trazendo a Palavra para a vida

Propor ao grupo uma conversa sobre a questão sugerida sobre como a verdade pode transformar nossas relações pessoais e decisões. Reservar um tempo para que cada um reflita individualmente e, na sequência, convidar para uma partilha de ideias e respostas.

Celebrando a vida

É sugerida uma reflexão pessoal para que o catequizando tome consciência da sua liberdade, como pessoa, criatura de Deus, e perceba que é na proposta de vida oferecida por Jesus que está a verdadeira liberdade.

Conduzir a reflexão de modo que os catequizandos possam vivenciar o momento seguindo os cinco passos sugeridos em seus livros; após indicar e ler cada um dos passos, fazer um momento de silêncio para reflexão pessoal.

Se for possível, colocar uma música instrumental calma.

Ao finalizar o 5° passo, convidar para que, juntos, digam a oração proposta.

Convidar para dizerem juntos o salmo sugerido: Sl 71(70),2-3.

Transformando a vida

Comentar que ser livre não é apenas fazer aquilo que queremos, mas é saber *o que* e *por que* queremos algo e assumir as consequências. Em seguida, convidar para que cada um pense sobre o seu propósito para viver como pessoa verdadeiramente livre.

Uma reflexão para o caminho

Orientar para que, durante a semana, leiam e reflitam sobre o texto em seus livros, anotando as ideias surgidas sobre o impacto que causa em seu modo de pensar e agir.

14 Os mandamentos são garantia da liberdade

➤ Objetivo

Apresentar os mandamentos como orientações seguras de um Deus amoroso que se preocupa conosco.

➤ Recursos e ambientação

Providenciar: cartões com os Dez Mandamentos, conforme a fórmula catequética que está no Catecismo da Igreja Católica (um cartão para cada participante; sugestão: imprimir no formato de marca-páginas); uma vela grande; dez velas pequenas, iguais e de cor natural (sugestão: por segurança, colocar as velas em copos descartáveis contendo areia); dez folhas de papel.

Escrever em cada folha de papel um dos mandamentos de acordo com a fórmula catequética apresentada no Catecismo e colocar no chão, construindo um caminho; deixar espaço para que seja possível caminhar entre elas. Colocar a vela grande no centro do caminho.

Escolher os catequizandos que irão apresentar cada um dos mandamentos no momento indicado.

➤ Sugestão de leitura

PAPA FRANCISCO. *Os Mandamentos*. São Paulo: Paulus, 2019.

Orientações e comentários

Para compreender os Dez Mandamentos, é preciso saber também o contexto em que eles foram entregues ao povo. Para isso, pode ser interessante apresentar uma sequência de situações que culminaram com a entrega da Lei.

- Situação de opressão do povo no Egito – Ex 1,8-10.
- Deus ouve o clamor do povo e escolhe Moisés para libertá-lo – Ex 3,1-12.
- Deus prepara o povo e orienta para a Páscoa (passagem) – Ex 12,1-14.
- Deus passa; rito a ser repetido para sempre – Ex 12,21-28.
- Deus conduz a saída do povo do Egito – Ex 13,17s.
- Deus acompanha o povo, que não sabia caminhar – Ex 13,20-22.
- O povo é perseguido pelos egípcios – Ex 14,9-14.

- A travessia do Mar Vermelho – Ex 14,15-31.
- O povo quer pão e carne, Deus envia o maná e codornizes – Ex 16,1-4.13.
- O povo tem sede, Deus mostra a Moisés o que fazer – Ex 17,1-6.
- Deus anuncia a eleição e a aliança – Ex 19,1-8a.
- Deus entrega as tábuas da Lei a Moisés – Ex 20,1-17.

Explicar que Israel é o nome de um dos povos que habitaram a região onde aconteceu e foi escrita a história narrada na Bíblia. Era uma região disputada por ser passagem para o comércio entre as grandes nações da época. Ao longo do tempo, a terra de Israel, na Bíblia, recebeu os nomes de Canaã, Palestina, Reino de Israel, Reino de Judá, Terra Prometida e Terra Santa.

Este encontro deve ser desenvolvido em mais de uma ocasião, tantas quantas necessárias, dependendo do grupo. O mais importante é que os catequizandos compreendam o sentido de cada um dos mandamentos e o motivo pelo qual nós, nos nossos dias, devemos segui-los.

De acordo com o texto do livro do catequizando, comentar que nas escolas, nos ambientes de trabalho, nas famílias e em toda a sociedade existem leis ou normas que devem ser seguidas. É importante, no decorrer da conversa, ouvir o grupo sobre o que pensam sobre a necessidade de leis para nossa convivência e se consideram que, atualmente, as pessoas vivem realmente livres, conforme as questões propostas no livro.

Vida e Palavra se encontram

Os mandamentos não são algo isolado na Bíblia; eles são parte de um relacionamento: da relação da Aliança entre Deus e o seu povo. Por isso, o autor sagrado afirma que "Deus pronunciou todas as palavras que seguem" (Ex 20,1). Palavra exige diálogo, comunicação; com os Dez Mandamentos, palavras de Deus, Ele se comunica e aguarda nossa resposta.

Motivar a refletir sobre os Dez Mandamentos narrados no Livro do Êxodo no contexto da Aliança entre Deus e o povo.

Texto bíblico: Ex 20,1-17.

▷ **O que diz a Palavra?**

- Pedir ao grupo que leia mais uma vez o texto e, em seguida, perguntar:
  - O que o texto descreve?

- Contextualizar e explorar o que diz o texto, identificando seus personagens, suas falas e o acontecimento narrado.
- Propor que pensem, respondam e partilhem qual mandamento mais chama a atenção de cada um, e por quê, conforme a questão apresentada no livro do catequizando.

▷ **O que a Palavra diz para você?**

Dialogando com o grupo, apresentar e explicar o sentido de cada mandamento. Porém, antes de iniciar esse momento do encontro, acender a vela maior.

Orientar para que, ao ser anunciado pelo catequista cada mandamento, um catequizando deverá pegar, no caminho preparado com todos os mandamentos, a folha onde ele está escrito e mostrá-la ao grupo. Aguardar alguns minutos de silêncio antes do comentário sobre o mandamento anunciado, para que todos leiam o que está escrito na folha. Na sequência, propor uma partilha das ideias surgidas a partir da questão relacionada a cada mandamento. Em seguida, o catequizando que mostrou a folha com o texto do mandamento acende, na vela maior, uma vela pequena e a coloca no chão, ao lado da folha.

Explicar o significado de descanso semanal a partir do que é apresentado no livro do catequizando, conversando sobre o domingo e sua importância para a vida cristã.

Ao abordar o Mandamento "Não matarás", mencionar que existem muitos e diferentes sentidos para o seu entendimento, além da morte física. Ajudar o catequizando a tomar consciência de que, com nossas atitudes ou nossas palavras, podemos "matar" uma pessoa: mentiras, fofocas, humilhações, indiferença, são algumas formas de causar a "morte" de alguém, pois são atitudes que fazem com que uma pessoa possa ser julgada equivocadamente e/ou excluída, prejudicando seu desenvolvimento.

Sobre o Mandamento "Não furtarás", mencionar que também roubamos quando concordamos com salários injustos ou com políticas públicas que prejudicam os mais necessitados, porque, desse modo, desrespeitamos as pessoas e seus direitos legítimos.

Explicar que, no Livro do Êxodo (Ex 20,17), a redação apresenta juntos os dois Mandamentos: "Não desejar a mulher do próximo" e "Não cobiçar as coisas alheias", detalhando esse último (casa, escravos, animais, objetos). Esclarecer que esses mandamentos estão relacionados àquilo que o outro conquistou para si, o que, muitas vezes, parece fácil aos olhos de quem não conhece os desafios enfrentados pelo indivíduo. A cobiça impede que a pessoa reconheça que, muitas vezes, o que parece ser uma conquista fácil teve suas dificuldades e levou tempo. É preciso despertar o cuidado com as opiniões que ignoram ou menosprezam as lutas de cada pessoa.

▷ Trazendo a Palavra para a vida

Propor ao grupo uma conversa sobre as questões sugeridas e a partilha de suas ideias e suas respostas às questões propostas no livro do catequizando.

Celebrando a vida

A entrega dos mandamentos aos catequizandos neste encontro visa reforçar que eles são palavras de Deus, que estabelece um diálogo conosco e nos mostra um caminho para uma vida melhor. Cada mandamento aponta para uma fragilidade do ser humano e, ao mesmo tempo, para o zelo e a misericórdia infinita de Deus.

Motivar para que pensem silenciosamente sobre o que foi refletido sobre cada um dos mandamentos.

Convidar os catequizandos para que se aproximem para receber o cartão com os mandamentos; ao entregar, dizer esta frase sugerida ou outra semelhante: "(*nome*), receba os Dez Mandamentos, para que eles orientem seus passos na fidelidade a Deus".

Concluída a entrega a todos os catequizandos, convidar para salmodiarem juntos: Sl 15(14),1-3.

Transformando a vida

Conhecer e compreender os Dez Mandamentos deve nos levar a um esforço para vivermos nossa liberdade de filhos e filhas de Deus, abandonando tudo o que aprisiona a nós mesmos e aos outros.

Incentivar os catequizandos a se reconhecerem chamados ao compromisso de lutar contra tudo aquilo que escraviza as pessoas e a ter atitudes que possam contribuir para tornar a nossa sociedade melhor.

Uma reflexão para o caminho

Orientar a leitura e a reflexão sobre o texto em seus livros. Pedir que anotem como entendem a afirmação "Para nós, a Aliança significa uma missão" para partilha no próximo encontro.

15 Bem-aventurados são vocês!

Encontro celebrativo

➤ Objetivo

Apresentar o jeito de viver apontado por Jesus como aquele que leva a felicidade proposta por Deus para nós.

➤ Recursos e ambientação

Providenciar: vela grande; várias velas (quantidade maior do que o número de catequizandos) de cores e tamanhos diferentes, novas e já usadas (mas que possam ser acesas); folhagens; cartão com as bem-aventuranças para cada catequizando.

Distribuir as velas sobre uma mesa, junto à vela maior.

Se possível, dispor as cadeiras em círculo, ao redor da mesa.

Escolher cantos e refrãos meditativos para esse encontro celebrativo; a título de sugestão, são indicados momentos, ao longo do encontro, para os cantos e os refrãos.

Acender a vela, solenemente.

Para dizer o hino sugere-se organizar o grupo em dois coros (1 e 2); orientar para que todos juntos digam o refrão.

Após a leitura bíblica e o refrão meditativo, conduzir uma breve meditação, com calma, para sensibilizar cada catequizando; como alternativa, a meditação pode ser feita espontaneamente pelo catequista e, depois, dar continuidade ao encontro conforme o texto proposto no livro do catequizando.

No momento da entrega das bem-aventuranças, convidar os catequizandos para que se aproximem para recebê-las.

Enquanto é entoado um canto, entregar o cartão com as bem-aventuranças a cada catequizando, com estas palavras (ou outras, semelhantes):

"(nome), receba as bem-aventuranças; procure aprender com elas a viver e ser feliz!"

Após a entrega dos cartões com as bem-aventuranças, dar continuidade à celebração com a leitura do texto que está no livro do catequizando. Orientar para que cada um escolha a vela que expressa como se vê nesse momento de sua caminhada de fé, e a acenda na vela maior. Depois, prosseguir seguindo o roteiro celebrativo.

➤ Sugestões de leitura

FERONATO, V. O catequista educa para o compromisso cristão. *In*: CALIKOSKI, C. R.; PUPO, D. R.; NASCIMENTO, F. C. *et al. Catequizar... Sempre!* Ministério de Catequista: caminho de formação. Petrópolis: Vozes, 2023.

PAPA FRANCISCO. As catequeses sobre as Bem-aventuranças. *Vatican News*, 13 maio 2020b. Disponível em: https://www.vaticannews.va/pt/papa/news/2020-05/papa-francisco-catequeses-bem-aventurancas-audiencia-geral.html. Acesso em: 11 jan.2025.

16 A Igreja é o povo de Deus

➤ Objetivo

Apresentar o que é a Igreja e despertar o interesse em identificar seu lugar na comunidade.

➤ Recursos e ambientação

Providenciar: cinco velas (brancas ou de cor natural); fitas nas cores verde, azul, amarelo, vermelho e branco (tamanho suficiente para unir as cinco velas e cair até o chão); pedra grande; folhagem natural; folha grande de papel; folhas de papel sulfite (uma para cada grupo que será formado); canetas coloridas; fita adesiva (ou algo para fixar as folhas à parede ou em um painel).

No centro de uma mesa coberta com toalha, colocar as cinco velas; passar as fitas em torno da base das velas, unindo todas elas. As fitas devem alcançar a Bíblia, que deverá ser colocada no chão, sobre a pedra, ladeada pelas folhagens.

Orientações e comentários

Mencionar que a Igreja é inseparável de Jesus Cristo. Sua vida e seus ensinamentos devem ser o "manual de orientação" das comunidades, e seus discípulos e seguidores devem agir como Ele agiu (cf. Jo 15,1-5); dessa forma, Jesus permanecerá para sempre presente junto à sua Igreja.

Explorar as questões propostas: o que pensam quando falam sobre a Igreja; eles se reconhecem como Igreja; o que sabem sobre o papel da Igreja no mundo.

Após ouvir as respostas, comentar sobre a importância de cada catequizando ter consciência de que, como batizado, ele é Igreja, com a qual deve colaborar para que Cristo seja verdadeiramente conhecido e amado.

A partir do que é proposto no livro do catequizando, debater sobre o que significa ser povo de Deus e como essa expressão nos ajuda a compreender a origem da Igreja.

Comentar que a formação da Igreja se deu a partir daqueles que acolheram o Evangelho em suas vidas e explicar que a Igreja é, de fato, uma instituição, mas, principalmente, é a comunidade das pessoas que manifestam a sua fé em Jesus.

Questionar os catequizandos: "Vocês se recordam de participar, de alguma maneira, na Igreja quando crianças? Com quem? Isso tem algum impacto em estar na catequese de adultos? Por quê?". A partir das respostas, refletir sobre as pessoas e momentos que levam a acolher o Evangelho em suas vidas.

Dialogar com o grupo sobre o crescimento da Igreja a partir de Pentecostes, a atuação dos apóstolos e a Igreja Católica como comunidade missionária e instrumento do Reino entre as pessoas.

Vida e Palavra se encontram

Comentar que o texto bíblico proposto apresenta o que São Paulo escreveu à comunidade de Éfeso para ajudá-la a crescer como verdadeira Igreja. Motivar o grupo a acolher a Palavra em suas vidas.

Texto bíblico: Ef 4,1-16.

▷ O que diz a Palavra?

- Para contextualizar e explorar o que diz o texto, propor aos catequizandos:
  - Ler mais uma vez o texto proposto.
  - Identificar: "O que diz o texto?".
- Indicar personagens, suas falas e o acontecimento narrado.
- Depois, convidar a responder à questão em seus livros e a compartilhar com o grupo qual o versículo que cada um destaca no texto e a justificativa da escolha.

▷ O que a Palavra diz para você?

Apresentar o sentido do texto bíblico, dialogando com o grupo sobre: os batizados e seu chamado a ser povo de Deus; andar de acordo com a vocação a que cada um foi chamado para viver como membros da Igreja; a diversidade de serviços e a necessária unidade na missão; os diferentes dons para servir e colaborar com a missão da Igreja no mundo concedidos por Cristo a cada pessoa.

Incentivar o grupo a pensar e reconhecer quais são os dons *que Cristo lhe concedeu e de que maneira podem colocá-los a serviço da comunidade.*

▷ Trazendo a Palavra para a vida

Propor ao grupo uma conversa sobre as questões sugeridas em seus livros e a partilha de suas ideias e respostas.

Celebrando a vida

Comentar que, muitas vezes, nos deparamos com manifestações acerca da Igreja que são idealizadas, ou seja, que ignoram as realidades e as dificuldades das igrejas particulares. São ideias radicais de pessoas ou grupos que estão determinados a apontar apenas possíveis erros cometidos por um membro da Igreja, que revelam a incapacidade de ter o olhar para o tempo presente. É importante que os catequizandos expressem como veem a Igreja e a necessidade da participação pessoal em suas atividades, sem críticas ou julgamentos ao que pensam.

Convidar os catequizandos a dizer palavras relacionadas à Igreja e seu papel no mundo. Escrever essas palavras na folha grande (não como uma lista, mas de forma aleatória).

Formar dois ou três pequenos grupos (conforme o número de catequizandos) e entregar uma folha de papel sulfite a cada um. A partir das palavras que foram mencionadas e anotadas na folha grande, cada grupo deverá expressar o que pensa sobre a Igreja e seu papel no mundo e a participação de todos em suas ações, registrando nas folhas recebidas. Se for necessário, corrigir entendimentos equivocados ou interpretações erradas apresentadas pelos catequizandos.

Ao final da atividade, fixar as folhas em um quadro, na parede ou de alguma outra forma para que todos possam ler as ideias dos grupos.

Convidar os catequizandos para que façam preces espontâneas a partir das frases elaboradas pelos grupos.

Em seguida, convidar a rezarem juntos o salmo proposto: Sl 84(83),2-5.

Transformando a vida

Ajudar o catequizando a compreender que ele pode colaborar com a Igreja de inúmeras maneiras, usando suas habilidades na realidade da sua comunidade. Para isso, precisa identificar seus dons e assumir uma proposta de colocá-los a serviço da comunidade.

Uma reflexão para o caminho

Propor a leitura e uma reflexão sobre o texto em seus livros; motivar os catequizandos para que anotem seus entendimentos e/ou questionamentos para uma partilha no próximo encontro.

17 O Símbolo Apostólico: nossa profissão de fé

➤ Objetivo

Explicar que o Símbolo Apostólico reúne as verdades essenciais da fé cristã e aprofundar a compreensão do sentido da vida eterna.

➤ Recursos e ambientação

Providenciar: seis folhas grandes de papel (papel Kraft ou cartolina); uma vela grande.

Preparar cartazes, escrevendo em cada uma das folhas artigos do Símbolo Apostólico, da seguinte forma (observar a sequência):

- Creio em Deus Pai todo-poderoso, Criador do céu e da terra;
- e em Jesus Cristo, seu único Filho nosso Senhor, que foi concebido pelo poder do Espírito Santo;
- nasceu da Virgem Maria, padeceu sob Pôncio Pilatos, foi crucificado, morto e sepultado; desceu à mansão dos mortos; ressuscitou ao terceiro dia;
- subiu aos céus; está sentado à direita de Deus Pai todo-poderoso, donde há de vir a julgar os vivos e os mortos.
- Creio no Espírito Santo, na Santa Igreja católica, na comunhão dos santos,
- na remissão dos pecados, na ressurreição da carne, na vida eterna. Amém!

➤ Sugestão de leitura

ClgC, n. 1020-1050.

Orientações e comentários

Apresentar o tema do encontro, o Símbolo Apostólico, resumo da nossa fé, e convidar o grupo a recordar *o que é a fé* propondo uma tempestade de ideias para ajudar a relacionar os elementos essenciais da fé.

A partir do texto inicial do livro do catequizando destacar: a profissão de fé cristã é como uma síntese das verdades fundamentais da fé, nas quais os cristãos devem crer. Essa síntese, conhecida como *Credo*, *Creio* ou *Símbolo da fé*, é *sinal de identificação* e *de comunhão* entre os que creem.

Explicar o significado de profissão a partir do que é apresentado no texto, destacando que existem duas profissões formuladas pela

Igreja: o *Símbolo dos Apóstolos*, resumo fiel da fé dos apóstolos, e o *Símbolo Niceno-constantinopolitano*, proveniente dos primeiros concílios ecumênicos de Niceia, no ano de 325, e de Constantinopla, em 381.

Explorar o significado de concílio a partir do que é apresentado e mencionar quais implicações tiveram os concílios de Niceia e de Constantinopla nas questões da fé.

Comentar: em nossa caminhada na catequese já refletimos sobre o Pai, Criador e todo-poderoso. Refletimos, também, sobre seu Filho Jesus Cristo, Deus que se fez homem igual a nós para conquistar a salvação a todos que nele crerem; e nos debruçamos sobre o Mistério da Santíssima Trindade para compreender que Deus é um só e três Pessoas – Pai, Filho e Espírito Santo. Ainda, procuramos entender o que é a Igreja, desejada por Jesus Cristo e animada pelo Espírito Santo.

Esclarecer que, neste encontro, iremos procurar compreender o que significa a vida eterna, última afirmação em nossa Profissão de Fé.

VIDA E PALAVRA SE ENCONTRAM

Destacar que o texto bíblico que guiará o encontro nos ajudará a compreender que Jesus não revelou o mistério da vida após a morte, mas deu algumas pistas para compreendê-lo.

Texto bíblico: Mt 25,31-46.

▷ O que diz a Palavra?

- Contextualizar e explorar o que diz o texto, identificando seus personagens, suas falas e o acontecimento narrado. Propor aos catequizandos que, após uma nova leitura do texto, partilhem suas respostas às questões adiante e, por fim, à pergunta que se encontra em seus livros.
  - Qual o assunto do texto?
  - Sobre que situações Jesus fala aos discípulos?
  - O que você destaca nesse texto?

▷ O que a Palavra diz para você?

Apresentar o significado do texto bíblico, dialogando com o grupo a partir do que é proposto em seus livros.

Explicar o significado de abençoado a partir do que é apresentado.

Se julgar oportuno, recordar o significado da bênção: súplica para que Deus conceda proteção e auxílio a uma pessoa. São exemplos: bênçãos dadas pelos pais e padrinhos a seus filhos e afilhados, bênçãos dadas por religiosos ou, ainda, as bênçãos proferidas pelos sacerdotes.

▷ **Trazendo a Palavra para a vida**

Motivar uma conversa e partilha entre todos.

Explorar que nossa vida terrena define nossa vida eterna; por isso, precisamos ter sabedoria e discernimento para fazermos escolhas que nos levem a viver diante de Deus na eternidade. Comentar sobre a misericórdia de Deus, que não nos julga e condena por antecipação, mas nos dá a chance de nos livrarmos da marca das nossas faltas para estarmos diante dele.

Explicar o sentido do Juízo Particular e do Juízo Final a partir do que é apresentado no livro do catequizando.

Prosseguindo com a proposta que está no livro do catequizando, comentar o texto e motivar uma conversa sobre a questão sugerida: *o que fazer para ter a vida eterna?*

Depois de ouvir o grupo, continuar com a leitura; explicar o significado de purgatório, conforme apresentado no livro do catequizando. Sempre enfatizar a misericórdia de Deus, e não as faltas que tenham sido cometidas.

Celebrando a vida

Comentar que, para vivermos a nossa fé, precisamos da ajuda de Jesus para não cedermos às propostas do mundo e nos mantermos fiéis ao que Ele nos ensinou e nos pediu. Esclarecer que pedir ao Senhor que aumente a nossa fé é: mostrar que queremos estar unidos a Ele e viver segundo sua proposta; querer que a nossa fé seja transformada e transformadora, para sermos colaboradores do Reino de Deus.

Acender a vela e convidar um catequizando para segurá-la e colocar-se à frente do grupo.

Convidar seis catequizandos para segurar os cartazes nos quais estão escritos os artigos do Creio. Esses catequizandos irão se posicionar à frente do grupo, ao lado daquele que segura a vela, de acordo com a sequência do Creio.

No momento indicado, o catequizando lê o artigo do Creio e mostra o cartaz ao grupo.

Depois da leitura de cada cartaz, todos juntos dizem (ou cantam) o pedido: "Creio, Senhor, mas aumentai minha fé".

Em seguida, convidar para rezarem juntos o salmo: Sl 16(15),7-9.

Transformando a vida

Comentar que todos nós somos chamados a *revelar* Deus em nossa casa, no ambiente de trabalho ou de estudo e com aqueles com quem nos relacionamos. Para muitas pessoas, nós somos a possibilidade de conhecerem a Deus. Isso implica cuidarmos das nossas palavras e das nossas atitudes para que elas, de fato, mostrem aquele em quem confiamos e em quem colocamos nossa fé e nossa esperança.

Motivar para que cada um assuma o compromisso de vir a ser *símbolo de Deus em sua família, no trabalho e em suas relações interpessoais.*

Uma reflexão para o caminho

Orientar a leitura e uma reflexão sobre o texto em seus livros; os catequizandos deverão anotar suas percepções sobre a fé na vida eterna para compartilhar no próximo encontro.

18 A oração que o Senhor nos ensinou

➤ Objetivo

Explicar a oração do Pai-nosso como um resumo do Evangelho.

➤ Recursos e ambientação

Providenciar: pão (suficiente para partilha com todos).

➤ Sugestões de leitura

NASCIMENTO, F. C. O catequista educa para dialogar com Deus. *In*: CALIKOSKI, C. R.; PUPO, D. R.; NASCIMENTO, F. C. *et al. Catequizar... Sempre!* Ministério de Catequista: caminho de formação. Petrópolis: Vozes, 2023.

PAPA FRANCISCO. Catequese sobre o Pai-nosso – 1. *A Santa Sé*, 2018a. Disponível em: https://www.vatican.va/content/francesco/pt/audiences/2018/documents/papa-francesco_20181205_udienza-generale.html. Acesso em: 29 mar. 2025.

PAPA FRANCISCO. Catequese sobre o Pai-nosso – 2. *A Santa Sé*, 2018b. Disponível em: https://www.vatican.va/content/francesco/pt/audiences/2018/documents/papa-francesco_20181212_udienza-generale.html. Acesso em: 29 mar. 2025.

Orientações e comentários

Introduzir o tema da oração perguntando aos catequizandos: "Você tem o costume de rezar? Quando? O que você reza?".

A partir das respostas, explorar a oração como meio de relação pessoal com Deus, ensinada pelo testemunho de Jesus como pessoa orante, que ensinou seus discípulos a orarem chamando Deus de Pai.

Vida e Palavra se encontram

Explicar que a oração do Pai-nosso é também conhecida por *oração dominical* ou *oração do Senhor*, por ser a oração que nos foi ensinada e dada pelo Senhor Jesus, "Mestre e Modelo de nossa oração" (CIgC, n. 2775). Essa oração é a *oração da Igreja* ou *oração da comunidade:* é parte integrante das grandes Horas do Ofício Divino e dos sacramentos da Iniciação Cristã.

Após comentário, motivar a escuta da Palavra.

Texto bíblico: Mt 6,9-13.

▷ O que diz a Palavra?

- Contextualizar e explorar o que diz o texto, identificando seus personagens, suas falas e o acontecimento narrado. Para isso, oriente cada catequizando a realizar o que é indicado na sequência e conclua com a questão do livro e um convite para que, espontaneamente, compartilhem suas respostas.
  - Leia mais uma vez o texto proposto.
  - O que os discípulos pedem a Jesus?
  - O que Jesus responde aos discípulos?
  - O que você destaca nesse texto?

▷ O que a Palavra diz para você?

Apresentar o sentido de cada um dos pedidos da oração do Pai-nosso, dialogando com o grupo a partir das questões propostas no livro do catequizando.

▷ Trazendo a Palavra para a vida

Propor ao grupo uma conversa sobre os ensinamentos contidos na oração do Pai-nosso e uma partilha a partir da questão sugerida sobre como viver o que é rezado nessa oração.

CELEBRANDO A VIDA

Convidar os catequizandos para que, espontaneamente e em clima orante, digam os pedidos apresentados em seus livros.

Após o último pedido, convidar para rezarem juntos o salmo: Sl 62(61),6-9a.

TRANSFORMANDO A VIDA

Comentar que, ao final da oração do Pai-nosso, dizemos "Amém", isto é, "que assim seja", e que isso significa que aceitamos, concordamos e nos comprometemos com todos os pedidos formulados. Por isso, não podemos dizer essa oração *em verdade* sem nos comprometermos em colocá-la em prática no nosso dia a dia.

Na Missa, ao dizermos a oração do Pai-nosso, em seguida ao último pedido, há um acréscimo ("Livrai-nos de todos os males, ó Pai [...]") e a doxologia final ("Pois vosso é o reino, o poder e a glória [...]"). O acréscimo reforça nossa confiança de que Deus nos livra do Maligno e nos liberta de todos os males provocados por ele. A doxologia final retoma os três primeiros pedidos ao Pai, mas, agora, em forma de ação de graças e de adoração.

Convidá-los a pensar como respondem à pergunta em seus livros, de maneira que se torne uma atitude concreta em suas vidas.

Convidar para uma partilha alegre do pão.

Uma reflexão para o caminho

Propor a leitura e uma reflexão sobre o texto em seus livros, motivando para que anotem seus entendimentos e/ou questionamentos para uma partilha no próximo encontro.

19 Maria, auxílio dos cristãos!

Encontro celebrativo

➤ Objetivo

Identificar Maria, Mãe do Senhor, como auxílio perene na vida dos cristãos.

➤ Recursos e ambientação

Providenciar: imagem de Nossa Senhora enfeitada com flores (se possível, escolher uma imagem da padroeira da paróquia ou da diocese); cartão com a oração da Salve Rainha impressa (um para cada catequizando).

Orientações e comentários

Escolher cantos marianos e refrãos meditativos para esse encontro celebrativo. Há sugestões dos momentos indicados, ao longo do encontro, para os cantos e/ou refrãos.

Após a leitura bíblica e o refrão meditativo, conduzir com calma uma breve meditação, mantendo um clima orante, seguindo a proposta apresentada ou espontaneamente, com suas próprias palavras.

No momento de entrega da oração da Salve Rainha, convidar os catequizandos para que se aproximem para receber o cartão no qual a oração está impressa; ao entregar, dizer a frase sugerida ou outra semelhante: "(nome), receba a oração da Salve Rainha; que você reze sempre essa oração mostrando seu amor e sua confiança em nossa Mãe Maria".

Após a entrega dos cartões, dar continuidade à celebração convidando para que todos juntos rezem a oração Salve Rainha e concluir o encontro com a bênção sugerida.

20 Sacramentos, dons do Deus-Amor

➤ Objetivo

Apresentar os sacramentos como sinais da presença, do amor e da ação de Deus na vida de cada cristão.

➤ Recursos e ambientação

Providenciar: tecido (tamanho grande); uma pequena pedra; uma flor (natural); um terço; folhas de papel (uma para cada catequizando); canetas coloridas; Bíblia e crucifixo.

Expor os objetos sobre o tecido, no centro do local do encontro (se possível), de modo que fiquem bem visíveis. A Bíblia e o crucifixo devem estar em destaque no centro do tecido. Deve haver espaço suficiente para que, com as folhas de papel, seja formada uma cruz sobre o tecido.

➤ Sugestão de leitura

TRESE, L.J. *A fé explicada*. São Paulo: Quadrante, 1999.

Orientações e comentários

Explorar junto ao grupo que, ao tratarmos das relações do ser humano com Deus, precisamos considerar: 1) as verdades em que devemos crer, reveladas especialmente por meio de Jesus Cristo e pelos apóstolos, resumidas na Profissão de fé e ensinadas pela Igreja; 2) o que devemos fazer à luz do que cremos, ou seja, nossos deveres para com Deus, para conosco e para com os outros; 3) as ajudas que Deus nos dá para podermos crer e agir.

Pelos sacramentos, Deus nos preparou os meios para nos conceder a sua graça, sua ajuda. E, para isso, fez como na criação: unindo o material e o espiritual, o corpo e a alma. Assim, a graça divina, invisível, como corresponde à sua natureza, vem até nós por meio de coisas visíveis, de uso comum. Por isso, Deus usou coisas corriqueiras que podemos tocar, saborear e sentir, palavras que podemos ouvir e gestos que podemos entender, e fez deles canais para a sua graça.

Comentar, a partir do tema do encontro, que sinais visíveis contribuem para que possamos nos relacionar uns com os outros e com Deus. Recordar que, muitas vezes, as pessoas usam sinais ou gestos para se comunicarem umas com as outras, para celebrarem algo importante em suas vidas ou, ainda, para se fazerem presentes na vida de alguém. Destacar que todos nós já recebemos o conforto de um abraço em um momento difícil ou a alegria de um sorriso ao comemorarmos uma conquista.

Resgatar com os catequizandos as memórias da infância, perguntando que sinais eles guardam que trazem presente momentos ou pessoas, e o que eles recordam, para compartilharem com o grupo.

Vida e Palavra se encontram

A partir do texto no livro do catequizando explorar o significado da palavra sacramento e incentivar a escuta da Palavra.

Texto bíblico: Jo 14,6-11.

▷ O que diz a Palavra?

- Contextualizar e explorar o que diz o texto, identificando seus personagens, suas falas e o acontecimento narrado. Para isso, orientar que cada catequizando realize o que é indicado na sequência e concluir com a questão do livro e um convite para que, espontaneamente, compartilhem suas respostas.
  - Leia mais uma vez o texto proposto.
  - O que Jesus diz nesse texto?
  - Sobre que situação Jesus fala aos discípulos?
  - O que você destaca nesse texto? Por quê?

▷ O que a Palavra diz para você?

Apresentar o significado do texto bíblico, dialogando com o grupo e tendo como referência as questões propostas no livro do catequizando.

▷ Trazendo a Palavra para a vida

Comentar que tudo o que a Igreja faz é sinal de Cristo; ao anunciar a Palavra de Deus, condenar a discriminação ou manifestar-se pela paz entre os povos, ela é sacramento de Cristo e Ele está presente.

Propor ao grupo uma conversa sobre o texto e as questões sugeridos no livro do catequizando e a partilha das ideias e respostas.

Antes de dar início às explicações sobre os sete sacramentos, perguntar ao grupo: Depois do que aprendeu até aqui acerca dos sacramentos, se estivesse a seu critério decidir quantos sacramentos deveria haver, quantos você teria definido? Por quê?

Após ouvir as opiniões do grupo, explicar que a Igreja, inspirada pelo Espírito Santo, definiu o número de sacramentos (Concílio de Trento, século XVI), que atendem nossas necessidades espirituais conforme a lei natural: nascer, crescer, alimentar-se etc.

Apresentar os sacramentos conforme sugerido, apenas destacando o aspecto fundamental de cada um deles, sem aprofundar, pois os encontros seguintes irão abordá-los com mais profundidade.

Considerando a pergunta "O que se espera de quem pede um sacramento à Igreja?", comentar que pedir um sacramento à Igreja é consequência de quem entendeu a proposta de vida que Jesus nos oferece. Ajudar o grupo a compreender a decisão e a convicção necessárias para celebrar um sacramento: pressupõe a fé e exige amor a Jesus e à sua Igreja, conversão e compromisso.

Destacar a relação entre os sentidos e os sinais sensíveis experimentados ao recebermos um sacramento.

Celebrando a vida

Explicar que o caminho percorrido na catequese até aqui pode ser representado por desenhos ou palavras, que configuram o caminho de cada um. Explicar que, nesse caminho, há palavras ou gestos que ficaram gravados na memória; pessoas que tocaram a vida; momentos de dificuldades, de dúvidas ou de descobertas; ocasiões em que a mão de Deus sustentando cada um foi sentida; passagens bíblicas que marcaram; temas que ajudaram a crescer na fé e como pessoa humana e, ainda, compromissos assumidos.

Entregar a cada catequizando uma folha de papel e orientar para que registre como vê o caminho que percorreu na catequese. Quando todos tiverem concluído, recordar o que é um símbolo (cf. encontro 17) e fazer uma motivação com o texto proposto no livro do catequizando ou de outro modo que melhor contribua para o seu grupo.

Convidar os catequizandos para que coloquem suas folhas sobre o tecido, formando uma cruz, e se posicionem à sua volta.

Em seguida, pedir que inclinem a cabeça para a oração da bênção dos catequizandos.

Convidar para salmodiarem juntos: Sl 103(102),1-4.

Transformando a vida

Perguntar ao grupo: "O que é ser sinal de Deus? Como podemos ser sinais de Deus no mundo?". Reservar um tempo para que cada um reflita e apresente sua resposta. Conversar e orientar a pensar sobre as respostas apresentadas e como elas inspiram cada um a assumir o compromisso de ser sinal de Deus no mundo.

Uma reflexão para o caminho

Orientar a leitura e uma reflexão sobre o texto em seus livros, fazendo anotações sobre suas percepções sobre os sacramentos para compartilhar no próximo encontro.

21 Os Sacramentos da Iniciação Cristã

➤ Objetivo

Explicar o sentido e a importância dos Sacramentos da Iniciação Cristã na vida cristã.

➤ Recursos e ambientação

Providenciar: tecido colorido; uma vela grande; uma vela pequena para cada participante; uma jarra (ou uma bacia) com água; um pequeno galho seco; um pequeno vaso com flores naturais; pão (de tamanho adequado para ser partilhado entre todos).

No chão, sobre o tecido, colocar o galho seco, a vela grande acesa e as flores.

Convidar os dois catequizandos que farão as preces no momento indicado.

➤ Sugestão de leitura

TRESE, L.J. *A fé explicada*. São Paulo: Quadrante, 1999.

Orientações e comentários

Para iniciar, recordar o que foi visto no encontro anterior, o texto do item "Uma reflexão para o caminho" e as percepções dos catequizandos a respeito do que é um sacramento.

Conforme o texto inicial no livro do catequizando, comentar que, para tornar-se cristão, é preciso haver transformação e isso exige descoberta, conhecimento e comprometimento. Na Iniciação Cristã, essa transformação se dá a partir da experiência íntima e pessoal com Jesus, da qual aprende-se a viver segundo seus ensinamentos.

Convidar o grupo a refletir sobre o seu chamado para ser cristão: *já pensaram sobre isso?* Na sequência, comentar que a celebração dos sacramentos acontece no contexto da Iniciação Cristã: eles são parte do caminho e marcam a transformação pessoal.

Vida e Palavra se encontram

Motivar para a escuta da Palavra.

Texto bíblico: At 2,37-41.

▷ **O que diz a Palavra?**

- Contextualizar e explorar o que diz o texto, identificando seus personagens, suas falas e o acontecimento narrado. Propor aos catequizandos:
  - Ler mais uma vez o texto indicado.
  - Identificar sobre o que fala Pedro.
  - Responder à pergunta: "Qual a reação das pessoas ao ouvirem Pedro?".
- Depois, convidar a responder à questão proposta em seus livros, compartilhando com o grupo.
  - O que você destaca nesse texto?

▷ **O que a Palavra diz para você?**

Apresentar o significado do texto bíblico dialogando com o grupo a partir do texto e das questões em seus livros.

▷ **Trazendo a Palavra para a vida**

Propor ao grupo uma conversa sobre as questões sugeridas e a partilha de suas ideias e suas respostas considerando o caminho de Iniciação Cristã e a preparação para viver os sacramentos.

Orientar o grupo a ler e identificar, no versículo 38, indicado em seu livro: o anúncio da Palavra, o acolhimento do Evangelho que leva à conversão, a profissão de fé, o Batismo, a efusão do Espírito Santo e a participação na Eucaristia (cf. CIgC, n. 1229).

CELEBRANDO A VIDA

Aguardar que os catequizandos digam o que acreditam que significam os elementos (galho seco, as flores e a vela) que ambientam o espaço do encontro no contexto da reflexão sobre os sacramentos da Iniciação Cristã.

Comentar que o galho seco, as flores e a vela são, respectivamente, sinais da ausência de vida, da alegria e da beleza da vida e da luz que ilumina nossos caminhos. Associar a vivência dos sacramentos da Iniciação Cristã a esses sinais. Quem recusa a graça divina é como um galho que seca, sem vida; quem celebra e vive os sacramentos sente a alegria da presença e do amor de Cristo que nos conduz.

Entregar a cada catequizando uma vela. Segurar a vela maior e convidar os catequizandos para que acendam suas velas.

Pedir que os dois catequizandos, escolhidos antecipadamente, se coloquem à frente do grupo para dizer as preces.

Convidar para rezarem juntos o salmo: Sl 33(32),12-14.20.21.

Transformando a vida

Perseverar no caminho oferecido pela catequese é apresentar-se, confiante, a Deus, com a certeza de que Ele não nos abandona. É seguir aprendendo e guardando no coração aquilo que é a proposta de Deus para nossa vida.

Motivar o grupo a refletir e fazer uma opção de compromisso para perseverar no caminho de tornar-se e viver como cristão.

Ao finalizar o encontro, convidar os catequizandos para uma partilha festiva do pão.

Uma reflexão para o caminho

Orientar a leitura e uma reflexão sobre o texto em seus livros. Pedir que anotem o que pensam sobre a afirmação: "É preciso dar vida aos sacramentos expressando que somos filhos de Deus".

22 Sacramentos da Cura e do Serviço

➤ Objetivo

Explicar os Sacramentos da Cura e do Serviço como sinais do cuidado de Deus com cada pessoa e com a Igreja.

➤ Recursos e ambientação

Selecionar fotos do pároco com a comunidade em diferentes situações, por exemplo: missas, celebração do Matrimônio, procissões, momento de Adoração ao Santíssimo, em hospitais, entre outras.

Providenciar um tecido de uma única cor, de tamanho suficiente para exibir todas as fotos.

Colocar no chão o tecido e, sobre ele, distribuir as fotos do pároco com a comunidade.

Orientações e comentários

Comentar que, na ordem natural, encontramos três etapas: nascer, crescer, adoecer e morrer; a elas correspondem o Batismo, a Confirmação e a Unção dos enfermos. Durante a vida, temos duas grandes necessidades: de alimento, para crescermos e permanecermos saudáveis; e de medicamentos, para curar as enfermidades. A essas necessidades correspondem a Eucaristia e a Reconciliação. Ainda, há dois estados que implicam responsabilidade pela vida espiritual pessoal e dos outros: o matrimônio e o sacerdócio; por isso, há dois sacramentos que correspondem a esses estados: o Matrimônio e a Ordem.

Esclarecer que os sacramentos da Cura podem ser recebidos sempre que houver necessidade, como doenças que exigem cuidados ou faltas cometidas; e apenas os sacerdotes podem ministrá-los.

Explorar o texto proposto no livro do catequizando dialogando com o grupo sobre as questões associadas aos sacramentos e textos bíblicos: Jo 20,23 (Reconciliação), Tg 5,14s. (Unção dos Enfermos), Lc 22,19 (Ordem) e Mt 19,4-6 (Matrimônio).

Vida e Palavra se encontram

Caso seja possível, selecionar um canto que ajude o grupo a preparar-se para acolher a Palavra.

Texto bíblico: Mc 9,30-37.

▷ O que diz a Palavra?

- Contextualizar e explorar o que diz o texto, identificando seus personagens, suas falas e o acontecimento narrado.
- Orientar os catequizandos para que realizem o que é indicado na sequência e concluir com a questão do livro e um convite para que, espontaneamente, compartilhem suas respostas.
  - Leia mais uma vez o texto proposto.
  - Sobre o que fala Jesus no v. 31?
  - O que mais chama sua atenção nesse texto?

▷ O que a Palavra diz para você?

Apresentar o significado do texto bíblico, dialogando com o grupo sobre o anúncio de Jesus e a ausência de entendimento dos discípulos, explorando o significado do que seja se fazer servo de todos.

▷ Trazendo a Palavra para a vida

Propor ao grupo uma conversa sobre as questões sugeridas no livro do catequizando e a partilha de suas ideias e suas respostas.

Pedir que o grupo mencione ações a serviço do outro, da família, da Igreja, da comunidade. Se necessário, mencionar alguns exemplos, tais como: a filha atenta e presente junto aos pais idosos, a esposa que apoia o marido nos momentos de dificuldade e o marido que colabora com as tarefas da casa estão a serviço da família; alguém que acolhe um vizinho e escuta seus problemas, o professor que se prepara para levar o melhor aos seus alunos e o governante que concretiza ações para ajudar as pessoas; o sacerdote presente junto ao povo para ajudá-lo a crescer na fé e o agente de pastoral atuante na comunidade.

Recordar com o grupo situações em que Jesus nos dá um exemplo de serviço.

Celebrando a vida

Formar pequenos grupos para a partilha das histórias de vida conhecidas pelos catequizandos que são exemplos de serviço ao próximo; em seguida, esses grupos apresentam aos demais as histórias reunidas. Depois, incentivar uma conversa sobre o que há de comum e de diferente nas histórias, reservando o tempo necessário para que essas experiências de vida sejam comentadas.

Depois das partilhas, convidar os catequizandos para dizerem juntos a oração que está em seus livros; concluir o momento orante rezando o salmo indicado: Sl 86(85),11-12.

Transformando a vida

Comentar que "o Batismo é fonte de responsabilidades e de deveres" (CIgC, n. 1269) e os batizados são chamados a servir aos irmãos. O serviço é modo de seguimento de Jesus; cada cristão, e toda a Igreja, animado pelo Espírito Santo, deve imitar Cristo no caminho do serviço (cf. Jo 13,12-15).

Incentivar o grupo para que, individual ou coletivamente, escolham um compromisso para se colocar como servo entre as pessoas de sua família, comunidade e/ou em outros espaços.

Uma reflexão para o caminho

Propor a leitura e uma reflexão sobre o texto em seus livros, destacando: *servir deixa marcas em quem serve e em quem é servido.* Pedir que anotem ideias e questionamentos para uma partilha no próximo encontro.

23 Glória a Deus no mais alto dos céus!

Meditação sobre a Palavra de Deus

> **Objetivo**

Refletir sobre o sentido e a importância de glorificarmos a Deus com nossa vida.

> **Recursos e ambientação**

Providenciar: presépio (Maria, José, Jesus, anjos, pastores, estrela); pequena vela.

Em uma mesa colocar o presépio, com a vela ao lado da manjedoura (se for possível).

Orientações e comentários

Esclarecer que este encontro será uma meditação sobre a Palavra de Deus em preparação à celebração da Solenidade do Natal de Nosso Senhor Jesus Cristo.

Comentar que esse encontro visa contribuir para que cada catequizando possa, refletindo sobre a Palavra de Deus, reconhecer o sentido e a importância de glorificarmos a Deus com nossa vida.

Motivar a escuta da leitura bíblica para que, em seguida, cada um procure realizar o que é orientado em seus livros.

Texto bíblico: Lc 2,1-20.

- Orientar o grupo para que, em silêncio, leiam mais uma vez o texto proposto.

Meditação

A meditação deverá ser conduzida pelo catequista, conforme a sugestão apresentada no livro do catequizando ou espontaneamente, com suas próprias palavras.

Durante esse momento de meditação da Palavra, a cada questionamento manter uns instantes de silêncio para a reflexão pessoal pelos catequizandos. Cuidar para que seja mantido, em toda a meditação, um clima que favoreça a reflexão e a oração.

Antes de realizar o convite indicado no texto do catequizando: "Vamos 'à gruta de Belém'", acender a vela colocada junto ao presépio. Depois, convidar o grupo a olhar para as imagens do presépio e, a partir do que está proposto em seus livros, pensar individualmente e comentar com o grupo a sua percepção, entendimento e sentimento sobre o Mistério do amor de Deus.

Entre os comentários sobre as imagens que compõem o presépio, fazer um instante de silêncio para meditação pessoal.

Após um momento de silêncio, convidar os catequizandos para que partilhem com o grupo quem cada um colocaria no presépio. Em seguida, propor que, em silêncio, cada um faça um ato pessoal de adoração ao Menino Deus diante do presépio.

Encerrar o encontro com a bênção segundo o que é proposto no livro do catequizando.

TEMPO DA PURIFICAÇÃO E ILUMINAÇÃO

Reconciliai-vos com Deus!

Shutterstock / Bernardo Ramonfaur

O QUE É O TEMPO DA PURIFICAÇÃO E ILUMINAÇÃO

O tempo da purificação e iluminação coincide, normalmente, com o tempo litúrgico da Quaresma e visa uma preparação imediata aos sacramentos da Iniciação Cristã. Mais do que um ensinamento ou uma formação, é um tempo voltado à vida interior, de intenso preparo espiritual e de purificação de corações e espíritos pelo exame de consciência e pela penitência, para iluminá-los por um entendimento mais profundo de Jesus Cristo, o Salvador (cf. RICA. Introdução n. 21.25). Para isso, são celebradas as entregas do Creio e da Oração do Senhor (caso não tenham sido celebradas no tempo do catecumenato) e os escrutínios.

O tempo da purificação e iluminação tem grande valor também para a comunidade eclesial, porque, vivenciando com os catecúmenos esse tempo enriquecido pelos ritos próprios da catequese, ela também é renovada. Assim, todos nesse caminho são mais bem preparados para celebrar a Páscoa da Ressurreição de Jesus Cristo.

Alegrai-vos, porque vossos nomes estão escritos no livro dos céus!

Encontro em preparação à Eleição

➤ **Objetivo**

Explicar o sentido da eleição.

➤ **Recursos e ambientação**

Preparar um lugar de destaque para colocar a Bíblia (fechada até o momento da leitura) sobre um suporte, enfeitada com flores naturais. Ao lado, colocar uma vela.

Selecionar um canto de aclamação à Palavra bem conhecido por todos.

Escolher e convidar dois catequizandos para a leitura dos textos, conforme indicado.

Orientações e comentários

Este encontro será uma meditação sobre a Palavra de Deus, um momento para refletir sobre a decisão de seguir Jesus, em preparação à celebração do Rito da Eleição.

Recordar que, ao longo da catequese, os catequizandos tomaram consciência de que Deus deseja que todas as pessoas tenham a vida eterna. No Rito de Admissão ao Catecumenato, eles ouviram que a vida eterna "consiste em conhecermos o verdadeiro Deus e Jesus Cristo, que ele enviou" (RICA, n. 76) e manifestaram a vontade de serem instruídos em toda a verdade revelada por Jesus Cristo para se tornarem seus discípulos.

Motivar o grupo a ler em seus livros o texto inicial que apresenta informações sobre a celebração da Eleição ou da Inscrição do Nome.

Explicar que, para os já batizados, a celebração é associada a um maior empenho na participação na comunidade.

Concluída a leitura, retomar que cada um que pede o Batismo escreverá seu nome no livro dos eleitos da comunidade.

Explicar o que é o livro dos eleitos: faz parte dos documentos paroquiais e traz a assinatura de cada catecúmeno, sinalizando sua adesão, sua fidelidade e seu compromisso com Deus, que levam o indivíduo a pedir os sacramentos da Iniciação Cristã.

Antes de convidar o grupo a traçar sobre si o sinal da cruz, o catequista acende a vela e, na sequência, faz o convite e motiva para acolher as palavras de Jesus, rezando juntos a oração proposta em seus livros.

Meditação

Convidar o grupo a se preparar para acolher a leitura bíblica com um canto.

Texto bíblico: Lc 10,17-24.

Realizar a leitura do texto bíblico, aguardar alguns momentos de silêncio e, depois, orientar para que cada um faça o que é indicado em seus livros: ler o texto mais uma vez, individualmente, e compartilhar com todos as palavras que mais chamaram sua atenção.

Conduzir a meditação sobre o texto de São Lucas, apresentada no livro do catequizando, orientando o grupo para, após cada uma das questões sugeridas, manter silêncio por alguns minutos para reflexão pessoal. Em seguida, convidar os catequizandos para que partilhem o que pensam e o que sentem.

Concluir esse momento convidando os catequizandos para que, em silêncio, apresentem ao Pai a oração que está no coração de cada um.

Encerrar o encontro motivando o grupo para acolher a bênção, conforme sugestão no livro do catequizando.

24 Sacramento do Batismo, sacramento da fé

➤ Objetivo

Identificar o sentido do Sacramento do Batismo para assumir o chamado à vida cristã.

➤ Recursos e ambientação

Providenciar: vela grande de cor natural; bacia com água.

Fazer um cartaz grande, listando cada momento do rito do Batismo, conforme apresentado a seguir ou escrever cada momento em uma folha A4 e, após a explicação, fixá-la à frente do local do encontro.

Momentos do rito do Batismo:

- Texto bíblico: da Palavra de Deus.
- Acolhida pela comunidade.
- Ladainha dos Santos.
- Bênção da água.
- Renúncia ao pecado e ao demônio.
- Unção com o óleo dos catecúmenos.
- Profissão de fé.
- Banho batismal.
- Unção com o óleo do crisma.
- Veste batismal branca.
- Entrega da luz.

Sugestão: entregar a cada catequizando, ao final do encontro, um pequeno cartão com o versículo "Eis que estou à porta e bato. Se alguém ouvir a minha voz e abrir a porta, eu entrarei na sua casa" (Ap 3,20).

➤ Sugestões de leitura

PAPA FRANCISCO. Nascer do espírito. *A Santa Sé*, 2020a. Disponível em: https://www.vatican.va/content/francesco/pt/cotidie/2020/documents/papa-francesco-cotidie_20200420_ladocilita-allospirito.html. Acesso em: 27 jan. 2025.

RICA. Observações preliminares gerais, n. 3-10.

CIgC, n. 1213-1240;1257-1274.

Orientações e comentários

A Igreja continua a obra de salvação de Jesus Cristo por meio do anúncio da Palavra, da prática da caridade e da celebração dos sacramentos.

No tempo do catecumenato, já foram apresentados alguns aspectos do Sacramento do Batismo que, agora, serão aprofundados a partir do texto que narra o encontro entre Jesus e Nicodemos.

O rito do Batismo apresenta uma grande riqueza de símbolos, palavras e gestos que expressam o significado e a graça sacramental. Por isso, para ajudar a compreensão do sentido do sacramento, é descrito neste encontro o rito do Batismo de adultos (cf. RICA, n. 210-226).

Ao iniciar sua missão, Jesus foi batizado nas águas do Rio Jordão, por João Batista (cf. Mc 1,9-11). A água tem uma dimensão mística de caos e de mal; ao entrar na água para ser batizado, Jesus luta contra o mal nela presente e a purifica, transformando-a em fonte de vida. Os Santos Padres da Igreja assim ajudaram a entender o caráter pascal do batismo de Jesus, que prenuncia a vitória da ressurreição e a nova criação. Talvez seja conveniente esclarecer o grupo quanto ao Batismo de Jesus no Rio Jordão.

Convidar os catequizandos para que, molhando a mão na água, tracem sobre si o sinal da cruz e, na sequência, questionar o que afirmam ao fazer esse sinal.

Perguntar aos catequizandos: "O que sabem sobre o Batismo?". Ouvir suas respostas e prosseguir conforme proposto no livro do catequizando, esclarecendo as dúvidas e/ou complementando as informações.

Recordar o sentido de conhecer: não é algo intelectual, mas implica proximidade, intimidade. Conhecer a Pessoa de Jesus, portanto, torna-se visível na mudança de mentalidade e de vida das pessoas.

Vida e Palavra se encontram

Motivar o grupo para, com um instante de silêncio, preparar-se para acolher a Palavra.

Texto bíblico: Jo 3,1-8.

▷ O que diz a Palavra?

- Contextualizar e explorar o que diz o texto, identificando seus personagens, suas falas e o acontecimento narrado. Após a leitura individual, apresentar as perguntas sugeridas e enfatizar a questão que se encontra no livro do catequizando.

- Leia mais uma vez o texto proposto.
- Como e quando acontece o encontro de Nicodemos com Jesus?
- Sobre o que falam Jesus e Nicodemos?
- O que você destaca nesse texto?

▷ O que a Palavra diz para você?

Conversar com o grupo se já se questionaram assim como Nicodemos. Após ouvir as manifestações, apresentar o sentido do texto bíblico dialogando com o grupo sobre: a linguagem simbólica abordada no texto; a água simbolizar o dom do Espírito Santo no Batismo; as questões propostas no decorrer do texto que contribuem ao melhor entendimento sobre o que é a vida nova recebida no Batismo.

Mencionar que ninguém duvida que a água seja um bem essencial. No entanto, ela pode ser ao mesmo tempo sinal de morte (por exemplo, nas enchentes) ou de vida (como nas fontes ou nos oceanos). Com essa perspectiva, explicar que, no Batismo, o ato de mergulhar na água significa submergir, afundar, morrer; e sair da água, ressurgir, salvar-se, viver. Esse duplo simbolismo da água – morte e vida – ajuda a compreender o Sacramento do Batismo.

Destacar que esse duplo simbolismo está indicado na oração para a bênção da água no rito batismal: "Nós vos pedimos, ó Pai, que por vosso Filho desça sobre essa água a força do Espírito Santo. E todos os que, pelo Batismo, forem sepultados na morte com Cristo, ressuscitem com Ele para a vida." (RICA, n. 215).

Seguindo o texto do livro do catequizando, explicar que o Espírito Santo, recebido no Batismo, transforma nossa fé e nos faz capazes de ter atitudes concretas de doação e de serviço. Em seguida, convidar os catequizandos a pensarem como podem ouvir a voz do Espírito Santo em sua vida.

▷ Trazendo a Palavra para a vida

Comentar que conhecer os símbolos, palavras e gestos no rito do Batismo nos ajuda a compreender o significado do sacramento e a graça que nele recebemos. Apresentar como é a celebração do Batismo de adultos (cf. RICA, n. 208-226); para isso, colocar em lugar visível o cartaz (ou as folhas) preparado com estes momentos:

- Texto bíblico da Palavra de Deus: o sentido do sacramento.
- Acolhida pela comunidade: a nova casa dos batizados.

- Ladainha dos Santos: a intercessão por aqueles que serão batizados.
- Bênção da água: a invocação do Espírito Santo e o anúncio da morte e ressurreição de Cristo manifestando a novidade do Batismo.
- Renúncia ao pecado e ao demônio: a adesão à promessa do Salvador.
- Unção com o óleo dos catecúmenos: a força de Cristo para lutar contra o mal e os erros.
- Profissão de fé: a afirmação da fé em Jesus Cristo; é em virtude dessa fé, transmitida pela Igreja e abraçada pelo adulto, que ele é batizado.
- Banho batismal: o sinal da morte para o mal e o pecado e da vida nova em Jesus.
- Unção com o óleo do crisma (se a Confirmação for celebrada em outra ocasião): a força do Espírito Santo.
- Veste batismal branca: a nova dignidade de filho de Deus que reveste a pessoa.
- Entrega da luz: o neófito é iluminado pela luz de Cristo.

Propor ao grupo que conversem sobre as questões sugeridas em seus livros e partilhem suas ideias e suas respostas.

Celebrando a vida

Indicar aos catequizandos a leitura do texto em seus livros, uma reflexão sobre o versículo apresentado (Ap 3,20) e uma partilha de uma ideia ou de uma palavra que tenha se destacado em sua reflexão.

Na sequência, orientar os catequizandos para a oração, que será feita da seguinte forma: o catequista diz a prece e todos juntos respondem. Na sequência, convidar para juntos rezarem o salmo sugerido: Sl 42(41),2-3.

Transformando a vida

Motivar o grupo a pensar sobre como pode revelar seu Batismo em seu dia a dia.

Uma reflexão para o caminho

Orientar a leitura e uma reflexão sobre o texto em seus livros, anotando suas ideias, especialmente quanto ao cuidado com a vida nova recebida no Batismo.

25 Sacramento da Confirmação, sacramento do Espírito Santo

➤ Objetivo

Explicar o sentido do Sacramento da Confirmação e sua importância para viver como autêntico seguidor de Jesus Cristo.

➤ Recursos e ambientação

Providenciar: vela grande de cor natural; velas pequenas (uma para cada catequizando); tecido de cor vermelha.

Colocar no chão o tecido vermelho; ao centro a vela grande, rodeada pelas velas pequenas. No momento celebrativo lembrar-se de acender a vela grande.

Fazer um cartaz grande, listando cada momento do rito da Confirmação, conforme apresentado a seguir ou escrever cada momento em uma folha A4 e, após a explicação, fixá-la à frente do local do encontro.

- Apresentação dos crismandos;
- Renovação das promessas batismais;
- Imposição das mãos;
- Unção com o óleo do crisma;
- Saudação da paz.

Imprimir, para cada catequizando, a prece pedindo os dons do Espírito Santo, conforme apresentada em "Celebrando a vida" (sugestão: imprimir no tamanho de um marca-páginas); ou imprimir uma imagem com os sete dons do Espírito Santo.

Escolher e convidar os catequizandos que farão as preces no momento celebrativo.

➤ Sugestões de leitura

TRESE, L. J. *A fé explicada*. São Paulo: Quadrante, 1999, p. 289-297.

CIgC, n. 1285-1314.

Orientações e comentários

Recordar, ao iniciar o encontro, que os sacramentos têm por finalidade tornar a pessoa um sinal de testemunho de vida, identificando-a cada vez mais a Cristo.

Um adulto não é batizado sem receber a Confirmação imediatamente depois do Batismo, a menos que haja um grave motivo para isso. Essa conexão exprime a unidade do Mistério Pascal, a relação entre a missão de Jesus Cristo e a efusão do Espírito Santo e a conexão entre os sacramentos, pelos quais o Filho e o Espírito vêm com o Pai àquele que é batizado (cf. RICA, n. 34).

Tal como no Sacramento do Batismo, o rito da Confirmação é rico em gestos, palavras e símbolos cuja compreensão ajudam a entender o sentido do sacramento; por isso, são apresentados os momentos do rito com seus significados.

Conversar com os catequizandos sobre o que seus livros apresentam sobre a Confirmação, complementando e esclarecendo as dúvidas que forem apresentadas.

Vida e Palavra se encontram

Comentar que não sabemos quando Jesus instituiu o Sacramento da Confirmação, pois não há menção nos evangelhos; porém, sabemos da sua existência pela Tradição, isto é, pela transmissão até os dias atuais, a partir dos apóstolos. Na Bíblia, a Confirmação é identificada pela *imposição das mãos.*

Motive o grupo a preparar-se para ouvir a leitura.

Texto bíblico: At 19,1-6.

▷ O que diz a Palavra?

- Orientar o grupo para ler novamente o texto e responder às questões propostas; contextualizar e explorar o que diz o texto, identificando seus personagens, suas falas e o acontecimento narrado. Na sequência, pedir que respondam à pergunta que está no livro.
  - Leia mais uma vez o texto proposto.
  - Quem são e onde estão os personagens do texto?
  - Que acontecimento o texto descreve?
  - O que mais chama sua atenção nesse texto?

▷ O que a Palavra diz para você?

Apresentar o sentido do texto bíblico dialogando com o grupo a partir das questões apresentadas em seus livros.

▷ Trazendo a Palavra para a vida

Apresentar como é celebrado o Sacramento da Confirmação, durante uma celebração da Eucaristia, explicando o sentido dos gestos e das palavras próprios do rito da Confirmação (cf. RICA, n. 227-231). Apresentar e explicar os diferentes momentos que compõem o rito da Confirmação, de acordo com a ordem seguida no cartaz ou nas folhas:

- *A apresentação dos crismandos*: importância de cada um na comunidade.

- *A renovação das promessas batismais* (se a celebração não se der imediatamente após o Batismo): chamado para assumir plena e conscientemente aquilo que, anteriormente, foi assumido por seus pais e padrinhos.
- *A imposição das mãos*: comunicação do dom do Espírito Santo.
- *A unção com o óleo do crisma*: participação na unção de Cristo e compromisso de viver segundo a vontade do Senhor.
- *A saudação da paz*: comunhão na Igreja entre o crismado e quem preside a celebração.
- Propor ao grupo uma partilha sobre a compreensão do sentido dos gestos da imposição das mãos e da unção.

Celebrando a vida

Comentar que, na Confirmação, o Espírito Santo derrama sobre o crismando seus dons: sabedoria, entendimento, conselho, fortaleza, ciência, temor de Deus e piedade. Esses dons nos ajudam a compreender o plano de Deus para nós, a sermos perseverantes na fé e na esperança e nos fortalecem para lutarmos por um mundo mais justo para todas as pessoas.

Após o comentário, acender a vela maior e entregar uma vela pequena a cada catequizando; com as velas acesas, sinal da vontade de se deixarem guiar pelo Espírito de Deus, convidar para dizerem juntos a oração sugerida em seus livros, pedindo para si os dons do Espírito Santo.

Convidar para juntos rezarem o salmo sugerido: Sl 143(142),8.10.

Transformando a vida

Mencionar que os dons do Espírito Santo, recebidos na Confirmação, não são inertes; ao contrário, eles contribuem para que a pessoa produza frutos (cf. Gl 5,22s), faça boas obras e tenha ações que sejam testemunho da ação do Espírito.

Sugerir que os catequizandos, durante a semana, leiam o texto que está em Gl 5,22-26 e, após sua reflexão pessoal, pensem qual compromisso de crismado poderão assumir.

Uma reflexão para o caminho

Propor a leitura e uma reflexão sobre o texto em seus livros, motivando a fazer anotações sobre entendimentos e/ou questionamentos, especialmente sobre o significado dos carismas, para partilha no próximo encontro.

26 Sacramento da Eucaristia, sacramento do amor

➤ Objetivo

Explicar que o Sacramento da Eucaristia é sinal do amor de Deus, encontro com o Ressuscitado e prática da partilha.

➤ Recursos e ambientação

Providenciar: vela grande de cor natural; pequenos pães (duas vezes o número de catequizandos) embrulhados individualmente; cesto ou bandeja; pequenas tarjas de papel (uma para cada pão).

Escrever, nas tarjas de papel, uma das seguintes palavras: partilha; divisões; discriminação; fome; comunhão; solidariedade; egoísmo; doação; amor; vida; irmãos; caridade; indiferença; acolhida.

Cada palavra deve ser escrita em duas tarjas, propiciando para formar duplas.

Fixar sobre cada pãozinho embrulhado uma tarja de papel (usar fita adesiva, cordão ou fita) e arrumar todos os pães no cesto ou na bandeja.

Colocar sobre uma mesa o cesto com os pãezinhos.

➤ Sugestões de leitura

FERNANDES, L. A. Sagrada Eucaristia: memorial do Sacrifício Redentor de Jesus Cristo. *Vatican News*, 13 set. 2022. Disponível em: https://www.vaticannews.va/pt/igreja/news/2022-09/sagrada-eucaristia-memorial-do-sacrificio-redentor-de-jesus.html. Acesso em: 27 jan. 2025.

PAPA FRANCISCO. Com Jesus, podemos nos imunizar contra a tristeza. *Vatican News*, 14 jun. 2020c. Disponível em: https://www.vaticannews.va/pt/papa/news/2020-06/papa-francisco-corpus-christi-jesus-imunizar-contra-tristeza.html. Acesso em: 27jan. 2025.

TRESE, L. J. *A fé explicada*. São Paulo: Quadrante, 1999, p. 298-315.

Orientações e comentários

É importante que os catequizandos compreendam o sentido de *memória*, diferenciando-o de uma simples recordação.

Explicar que aceitar a presença real de Jesus nas espécies do pão e do vinho é um ato de fé: os apóstolos, pela fé, tomaram as palavras de Jesus na Última Ceia como um fato, e essa foi a doutrina que pregaram à Igreja primitiva.

A única ação litúrgica pela qual o pão e o vinho transformam-se no Corpo e no Sangue de Jesus Cristo é a Santa Missa. Nela, o sacerdote, como instrumento do Senhor, pronuncia sobre essas espécies as palavras de Jesus: "Isto é o meu Corpo" e "Este é o cálice do meu Sangue". Essas palavras são chamadas palavras da *consagração*.

Para os católicos, Jesus está presente na Eucaristia não apenas durante a Missa (diferentemente do que afirmam algumas igrejas cristãs protestantes). Como na Eucaristia está o próprio Senhor, Filho de Deus, devemos a ela, em todo e qualquer momento, a adoração devida a Deus. Por isso, atualmente há um *sacrário* que guarda as partículas consagradas em cada igreja. Ao chegarmos e ao sairmos da igreja, devemos nos voltar para o sacrário fazendo o gesto da genuflexão.

Vida e Palavra se encontram

Motivar o grupo para, em silêncio, preparar-se para acolher a Palavra.

Texto bíblico: Mt 26,26-29.

▷ O que diz a Palavra?

- Orientar os catequizandos para que leiam novamente o texto bíblico e respondam às questões sugeridas a seguir; contextualizar e explorar o que diz o texto, identificando seus personagens, suas falas e o acontecimento narrado.
    - Leia mais uma vez o texto proposto.
    - Quem são os personagens do texto? O que celebravam?
    - Qual gesto de Jesus o texto descreve?
- Na sequência, motivar uma conversa sobre a questão que está no livro.
    - O que você destaca no texto?

▷ O que a Palavra diz para você?

Apresentar o sentido do texto bíblico dialogando com o grupo a partir do texto e questões de seus livros.

▷ Trazendo a Palavra para a vida

Propor ao grupo que conversem sobre as questões sugeridas em seus livros e partilhem suas ideias e suas respostas.

Celebrando a vida

Comentar que participar da Eucaristia é fazer uma comunhão profunda com Jesus, que se deu inteiramente a nós. Por isso, não podemos não querer nos comprometer com o outro: partilhar a Eucaristia implica partilhar o pão de cada dia.

Jesus instituiu a Eucaristia como comida para expressar que ela é sinal da comunhão de vida e de solidariedade. Participar da Eucaristia é comer e beber como irmãos, unindo-se a Jesus na fidelidade ao Pai e na fraternidade com todas as pessoas.

Apresentar a cesta/bandeja com os pães preparados previamente e convidar os catequizandos para que escolham um. Depois, orientar para que cada um procure quem tem um pão com a mesma palavra que escolheu e formar uma dupla para conversar sobre a palavra escolhida, à luz do que foi dito no encontro. Aguardar alguns minutos para que as duplas conversem.

Convidar os catequizandos para que entreguem o pãozinho escolhido a outro participante do grupo, dizendo palavras de incentivo à vida eucarística ou de amizade. Quando tiverem trocado seus pães, todos juntos dizem a prece de agradecimento.

Convidar para rezarem juntos o salmo indicado: Sl 36(35),8-10.

Transformando a vida

Dizer ao grupo que, na Eucaristia, o alimento é Jesus: sua pessoa real e verdadeira, sua vida e seu amor. Alimentar-se da Eucaristia é assumir o jeito de ser e de pensar de Jesus, é viver como Ele. Depois, convidar os catequizandos a pensar e assumir um compromisso considerando a experiência vivida no encontro.

Uma reflexão para o caminho

Orientar a leitura e uma reflexão sobre o texto em seus livros; pedir que anotem como se sentiram e o que aprenderam com essa leitura para partilharem no próximo encontro.

27 Sacramento da Reconciliação, sacramento da misericórdia

➤ Objetivo

Apresentar o Sacramento da Reconciliação como experiência do amor de Deus.

➤ Recursos e ambientação

Providenciar: crucifixo; bacia com água perfumada; folhas de papel A4 (sulfite); papel-cartão (ou cartolina) na cor vermelho; fita adesiva e alfinetes de cabeça.

Dividir cada folha do papel A4 (sulfite) ao meio; desenhar em cada metade (na frente e no verso do papel) uma cruz (com espaço para escrever no interior da cruz; sugestão de tamanho: 18x12cm).

Com o papel-cartão, fazer um coração grande (as cruzes serão coladas nesse coração) e deixá-lo bem visível à frente no local do encontro (por exemplo, fixado à parede).

Colocar no centro de uma mesa o crucifixo e, à frente deste, a bacia com água perfumada.

Em uma folha, imprimir os passos percorridos no Sacramento da Reconciliação (uma folha para cada catequizado):

1. Exame de consciência, para perceber que nos afastamos de Deus.
2. Arrependimento (ou contrição), quando sentimos, sinceramente, a dor por termos ofendido a Deus.
3. Propósito de mudança de vida, indicando a intenção firme não mais voltar a cometer os pecados.
4. Confissão, quando dizemos ao sacerdote os nossos pecados.
5. Ato de contrição, demonstrando nosso arrependimento.
6. Satisfação (ou penitência), imposta pelo sacerdote, que devemos cumprir para nos lembrarmos de reparar nossos pecados.
7. Perdão dos pecados, que é concedido pelo sacerdote, que diz: "Eu te absolvo dos teus pecados em nome do Pai e do Filho e do Espírito Santo".

> **Sugestões de leitura**

PAPA FRANCISCO. Receber o amor divino, passando da miséria para a misericórdia. *Vatican News*, 2 mar. 2021b. Disponível em: https://www.vaticannews.va/pt/papa/news/2021-03/intencao-oracao-do-papa-francisco-marco-sacramento-reconciliacao.html. Acesso em: 28 jan. 2025.

TRESE, L. J. *A fé explicada*. São Paulo: Quadrante, 1999, p. 361-371.

ORIENTAÇÕES E COMENTÁRIOS

O Batismo nos liberta do pecado e, por ele, nascemos para uma vida nova em Deus. Porém, esse sacramento não destrói nossa fragilidade humana nem acaba com nossa inclinação ao pecado, que permanece em nós e contra a qual lutamos no dia a dia da nossa vida cristã. Nesse combate da conversão, temos o auxílio da graça de Cristo.

O Sacramento da Reconciliação nos chama à conversão; esse sacramento também é denominado como sacramento do perdão (porque é garantia do perdão de Deus); sacramento da paz (porque nos traz a paz dos reconciliados com o Pai); sacramento da penitência (porque recebemos uma penitência para repararmos o prejuízo causado por nosso erro e por desejarmos nos afastar dele); sacramento do amor (porque é a mais pura expressão do amor do Pai, que tudo faz para nos ver felizes); Confissão (porque no rito do sacramento reconhecemos, ou confessamos, nossas faltas).

Como todos os sacramentos, a Reconciliação é uma ação litúrgica. São condições para receber dignamente este sacramento: o exame de consciência, o arrependimento sincero das faltas cometidas, o firme propósito de não mais pecar, a confissão dos pecados ao sacerdote e a vontade de cumprir a penitência recebida (cf. CIgC, n. 1480).

Sem minimizar o peso do pecado na vida do cristão, o mais importante é destacar a infinita misericórdia de Deus, sem emitir juízo de valor, insinuar castigos ou fazer comentários que possam constranger algum catequizando.

Para iniciar o encontro, dizer que os três sacramentos da Iniciação Cristã não impedem que cometamos faltas que nos afastam do projeto de Deus. Todavia, Jesus nos deu a certeza de que a vontade de Deus é que estejamos sempre ao seu lado. Perguntar:

- Como você decide se o que quer fazer é bom e não prejudicará alguém?

Propor uma conversa em duplas a partir da leitura do texto e das perguntas propostas no livro do catequizando. Depois desse momento, motivar a partilha em uma grande roda de conversa. Nessa atividade, ajudar o grupo em suas dúvidas e corrigir possíveis equívocos que possam surgir.

Vida e Palavra se encontram

Motivar o grupo para, em silêncio, se preparar para escutar e acolher a Palavra.

Texto bíblico: Lc 19,1-10.

▷ O que diz a Palavra?

- Propor aos catequizandos que leiam novamente, em silêncio, o texto bíblico e, em seguida, respondam às questões que apresentar. Contextualizar e explorar o que diz o texto, identificando seus personagens, suas falas e o acontecimento narrado.
  - Leia mais uma vez o texto proposto.
  - Que atitude de Jesus o texto descreve?
  - Que atitude de Zaqueu você destaca?
- Pedir ao grupo que responda à questão proposta no livro:
  - Que situações, gestos e palavras chamam sua atenção no texto?

▷ O que a Palavra diz para você?

Apresentar o sentido do texto bíblico dialogando com o grupo a partir das questões apresentadas em seus livros.

▷ Trazendo a Palavra para a vida

Propor ao grupo que conversem em duplas sobre o texto e as questões sugeridas no livro do catequizando e depois partilhem suas ideias e suas respostas com os demais.

Celebrando a vida

Explicar que o exame de consciência é o esforço sincero para recordar todos os pecados que cometemos a partir da última confissão que fizemos. Como preparação para receber o Sacramento da Reconciliação, é importante que seja feito com profundidade e serenidade, à luz da Palavra de Deus (cf. ClgC, n. 1454): é um *sacramento* que será recebido e Cristo morreu para que fosse eficaz, isto é, para que nele fôssemos realmente perdoados.

Diferenciar tentação e pecado: a tentação mostra o mal como algo bom ou aceitável e nos faz crescer interiormente; porém, quando caímos na tentação, aceitamos o pecado.

Comentar que, neste encontro, farão apenas uma breve experiência do que é o exame de consciência, para ajudá-los em suas confissões.

Entregar a cada catequizando a folha de papel (metade de uma folha A4) com o desenho da cruz nos dois lados. Depois, de acordo com o que é proposto no livro do catequizando, orientar o grupo a realizar um exame de consciência, reservando tempo para que todos possam fazê-lo e escrever em uma das cruzes desenhadas as suas faltas. Concluído esse momento, orientar para que pensem e escrevam na cruz desenhada no outro lado do papel, quais mudanças cada um precisa e pode realizar.

Orientar para que cada um fixe o seu papel com a cruz no coração colocado à frente no local do encontro, enquanto faz uma oração silenciosa de agradecimento a Deus pela oportunidade que Ele nos dá de nos aproximarmos dele.

Em seguida, pedir que molhem seus dedos na água perfumada e tracem, sobre si, o sinal da cruz recordando que, com esse sinal, manifestamos nossa certeza de que nossa vida está mergulhada na vida de Deus.

Convidar para juntos rezarem o salmo indicado: Sl 51(50),12-14.

Transformando a vida

Todos nós somos pecadores, mas há pessoas que não enxergam a realidade do pecado em cada um e à nossa volta. No Sacramento da Reconciliação, somos fortalecidos para resistir ao mal, superar as tentações, perdoar os outros e crescer em um amor mais verdadeiro, usando bem os dons que recebemos de Deus – a fé, a liberdade, a capacidade de amar e de ter esperança. Após esse comentário, conforme é proposto no livro do catequizando, motivar o grupo a refletir, individualmente, sobre o compromisso que podem assumir diante das situações que estão em desacordo com o plano de Deus.

Uma reflexão para o caminho

Propor a leitura e uma reflexão sobre o texto em seus livros, anotando seus sentimentos e os questionamentos que surgirem para serem partilhados no próximo encontro.

28 Desejei ardentemente comer esta Ceia da Páscoa convosco

Meditação sobre a Eucaristia

➤ Objetivo

Propor uma reflexão sobre o significado e a importância da Eucaristia na vida cristã.

➤ Recursos e ambientação

Providenciar: folhas de papel (uma para cada catequizando; sugestão: no tamanho de um cartão ou de um marcador de páginas); pão grande para ser partilhado.

Entregar a folha de papel a cada catequizando antes de começar a meditação.

Orientações e comentários

Iniciando, comentar que, nos últimos encontros, voltamos nosso olhar para os sacramentos, sinais da presença e do amor de Deus em nós. De modo especial, refletimos e aprendemos sobre os sacramentos do Batismo, da Confirmação e da Eucaristia. Eles nos marcam de maneira definitiva: somos de Deus, somos filhos de Deus, escolhidos e assinalados para a missão de anunciar a Boa-nova de Jesus Cristo ao mundo, vivendo e testemunhando suas palavras. Nesse encontro, faremos uma meditação sobre a Eucaristia, Mistério do amor. Trata-se de uma meditação sobre a Palavra de Deus, um momento para refletir sobre a Eucaristia, em preparação à celebração dos sacramentos da Iniciação Cristã.

Motivar o grupo a acompanhar o que é indicado no livro do catequizando.

Meditação

Ler o texto inicial no livro do catequizando e comentar sobre como os evangelistas narram a ceia pascal que Jesus quis celebrar com seus discípulos. Depois, motive para que os catequizandos se preparem para acolher a mensagem da Palavra que será anunciada.

Texto bíblico: Lc 22,14-23.

Conduzir a meditação orientando o grupo a ler, refletir e responder ao que está proposto no livro do catequizando.

Explicar aos catequizandos que, como Jesus fez com seus amigos na sua última refeição, cada um é convidado a participar da partilha do pão. É importante esclarecer que não queremos simbolizar a Eucaristia, mas pensar sobre ela, sobre a entrega de Jesus por toda a humanidade e sobre o sentido de participarmos deste momento na comunidade.

Para a partilha do pão: partir o pão em pequenos pedaços e pedir que não comam o pão que irão receber até o fim do encontro; caminhar entre os catequizandos, entregando a cada um deles um pedaço de pão. Depois, orientar que sigam conforme está indicado no livro do catequizando. Finalizar o momento de meditação com a bênção proposta no livro do catequizando.

SUGESTÕES DE LEITURA

- ROLLEMBERG, M. C. O catequista educa para viver da liturgia. In: CALIKOSKI, C. R.; PUPO, D. R.; NASCIMENTO, F. C. et al. Catequizar...Sempre! Ministério de Catequista: caminho de formação. Petrópolis: Vozes, 2023.
- CNBB. Constituição Sacrosanctum Concilium. Sagrada Liturgia – uma leitura popular. Brasília: Edições CNBB, 2019.

Para saber mais...

Conduzir uma leitura coletiva explicada do texto proposto no livro do catequizando. Alternativamente, cada catequizando faz uma leitura individual e apresenta suas dúvidas, questionamentos e reflexões no encontro seguinte.

TEMPO DA
MISTAGOGIA

Com os irmãos, permanecer com o Senhor

Shutterstock / Bernardo Ramonfaur

O QUE É O TEMPO DA MISTAGOGIA

A palavra mistagogia significa conduzir para o Mistério. Esse último tempo do processo catecumenal se desenvolve durante o Tempo Pascal. Pela escuta e meditação da Palavra, pela participação na Eucaristia e pela prática da caridade, os recém-batizados avançam no conhecimento e no entendimento do Mistério Pascal.

O tempo da mistagogia é, sobretudo, dedicado a experienciar os sacramentos recebidos; dessa experiência, que cresce pela prática da vida cristã, resulta um novo senso da fé, da Igreja e do mundo (RICA. Introdução, n. 37-38). Nesse tempo, os ritos essenciais são as celebrações eucarísticas dominicais do Tempo Pascal; além do seu valor próprio, elas permitem aos crismados conhecer mais de perto a vida na comunidade eclesial e se reconhecerem, de fato, a ela pertencentes, como membros insubstituíveis e indispensáveis.

29 Sou cristão e o Espírito Santo me conduz

➤ Objetivo

Explicar que Jesus quer nossa colaboração para conduzir o mundo ao Reino definitivo, com a força do Espírito Santo.

➤ Recursos e ambientação

Providenciar: vela grande; velas pequenas (uma para cada catequizando); suco de uva (ou vinho); pequenos cálices ou copos (um para cada catequizando).

Colocar uma mesa no centro do local do encontro (se possível) e, sobre ela, uma Bíblia, um crucifixo e a vela maior; servir um pouco do suco (ou vinho) em cada cálice e distribuí-los sobre a mesa. Em um cesto (ou caixa), deixar as velas que serão entregues aos catequizandos.

Orientações e comentários

Conduzir o encontro de maneira que o crismado perceba que a celebração da Confirmação não é um fim, mas o começo da sua missão. Deus quer que sua mensagem chegue aos homens e às mulheres de todos os lugares por meio de homens e mulheres que se reconhecem escolhidos para levar essa mensagem ao mundo e, agradecidos, fazem pontes entre Deus e a humanidade. É importante que o crismado se reconheça escolhido para levar ao mundo a mensagem de Deus.

O crismado deve compreender o que significa *deixar-se conduzir pelo Espírito*: é ser livre do jugo da lei e agir segundo a graça de Deus, realizando sua vontade com o auxílio do Espírito Santo. Fazer o bem, perdoar, amar não por medo de um castigo ou por um mandamento, mas por reconhecer-se cheio do Senhor que age em sua vida. Para contribuir para o crescimento da Igreja e do Reino de Deus, da ação do Espírito Santo surgem ministérios e serviços que são alimentados pela oração e pela Eucaristia.

Sugestão: convidar para que participem, todos juntos, da Missa dominical no próximo fim de semana (Domingo da Oitava da Páscoa).

Acolher os crismados com um clima festivo, mostrando a alegria, do catequista e da comunidade, pela perseverança de cada um no caminho da Catequese.

Perguntar sobre a celebração do Tríduo Pascal e, especialmente, sobre a celebração dos sacramentos da Iniciação Cristã: como se sentiram, o que foi mais marcante?

Questionar os catequizandos: na vida há muitas coisas importantes, como a saúde, o estudo, o trabalho, o lazer, a família, as amizades, os momentos de oração, a proximidade de Deus, o testemunho cristão, entre outras; o que é mais importante? Por quê?

Vida e Palavra se encontram

Motivar para que cada um se prepare para acolher a Palavra que será anunciada.

Texto bíblico: Lc 10,1-9.16.

▷ O que diz a Palavra?

- Orientar os catequizandos para que leiam em silêncio o texto bíblico e, depois, respondam às questões apresentadas a seguir. Contextualizar e explorar o que diz o texto, identificando seus personagens, suas falas e o acontecimento narrado.
- Concluir com uma conversa sobre a questão do livro e um convite para que, espontaneamente, compartilhem suas respostas.
  - Leia mais uma vez o texto proposto.
  - Que recomendações Jesus dá aos que foram enviados?
  - Das palavras de Jesus, qual você destaca?
  - Que missão Jesus dá aos setenta e dois enviados?

▷ O que a Palavra diz para você?

Apresentar o sentido do texto bíblico dialogando com o grupo a partir do texto e das perguntas no livro do catequizando.

▷ Trazendo a Palavra para a vida

Propor ao grupo que conversem sobre as questões sugeridas em seus livros e partilhem suas ideias e suas respostas.

Celebrando a vida

Orientar o grupo a ler e refletir sobre o texto proposto para esse momento do encontro. Depois, acender a vela maior, entregar uma vela menor a cada catequizando e pedir que, dois a dois, acendam suas velas na vela maior.

Motivar os catequizandos a refletir sobre o envio para anunciar o Evangelho e a rezar juntos a oração proposta em seus livros.

Após a oração, pedir que cada catequizando entregue a outro um cálice com suco (ou vinho) e convidar para a partilha.

Comentar o simbolismo do gesto: ao entregar um cálice a outro catequizando você está dizendo que compreendeu o apelo de Jesus para ficarmos juntos, fortalecendo, sustentando e animando uns aos outros para que a missão, que é de todos, aconteça, conduzida pelo Espírito Santo.

Convidar para dizerem juntos o salmo: Sl 145(144),1-3.

Transformando a vida

Comentar que todo crismado é chamado a preparar o caminho de Jesus, a exemplo dos setenta e dois enviados por Ele em missão. Jesus inspira e dá força para aqueles que continuam a missão. *Incentivar a pensar sobre qual compromisso quer assumir para realizar a missão que Deus tem para cada um.*

Uma reflexão para o caminho

Orientar a leitura e uma reflexão sobre o texto em seus livros, anotando os sentimentos despertados por ele para uma partilha no próximo encontro.

31 Ser cristão, um caminho a seguir

➤ Objetivo

Explicar que a vocação do cristão é ser testemunha do Reino.

➤ Recursos e ambientação

Providenciar: pequeno vaso com flores; vela grande em um suporte; um cartão para cada participante do grupo (sugestão: 10x15cm; se possível, cores e formatos diferentes); bandeja grande; folha de cartolina (ou papel *kraft*) grande.

Colocar o vaso com flores no centro da bandeja, rodeado pelos cartões; colocar a bandeja no chão e, ao lado, a vela.

Imprimir nos cartões a frase "Conhecer a Jesus Cristo é o melhor presente que qualquer pessoa pode receber; tê-lo encontrado foi o melhor que ocorreu em nossas vidas, e fazê-lo conhecido com nossa palavra e obras é nossa alegria" (DAp, n. 29).

Fazer um cartaz, escrevendo na cartolina o *caminho do crismado,* que começou quando cada um tomou a decisão de participar de um grupo de Catequese:

- Estar com Jesus – FÉ
- Mudar por Jesus – CONVERSÃO
- Seguir Jesus – DISCIPULADO
- Ir por Jesus – MISSÃO

Orientações e comentários

Neste último encontro do grupo de catequese com adultos, a mensagem a ser priorizada é: não podemos desistir, é importante prosseguir; nosso olhar, nossos pensamentos e nossa vontade devem estar dirigidos ao Senhor; ao nosso lado caminha Jesus.

Seria interessante combinar com os crismados uma data para um reencontro, para um momento de confraternização.

Começar o encontro apresentando a seguinte situação: imagine que você está passeando de bicicleta. Em alguns momentos, você para de pedalar para ganhar fôlego e a bicicleta se moverá pelo impulso das pedaladas anteriores. Mas, se você parar totalmente de pedalar, o que acontecerá?

Perguntar ao grupo:

- O que pedalar uma bicicleta nos ensina sobre nossa vida espiritual?
- O que pedalar uma bicicleta lhe ensina sobre esse novo momento da sua vida que está começando?

Reservar tempo para a partilha e, depois, encaminhar a leitura em seus livros destacando que, ao seguir o itinerário que levou à celebração dos sacramentos da Iniciação Cristã, cada um descobriu e compreendeu que Deus tem um projeto para sua vida. Ao participar dos encontros cada um foi abastecido pelos ensinamentos do Jesus, pelas histórias de vida partilhadas no grupo, pelos momentos de oração e pelas celebrações.

Destacar que, agora, tem início outro tempo em que irão seguir seu caminho como cristão, contribuindo para anunciar a Boa-nova do Evangelho, acreditando que é possível construir um mundo melhor para todos e sentindo o cuidado de Deus em sua vida.

Vida e Palavra se encontram

Orientar para que leiam o texto e respondam à questão no livro do catequizando. Depois, solicitar para que silenciem por alguns instantes preparando-se para ouvir e acolher a Palavra.

Texto bíblico: Lc 12,22-32.

▷ O que diz a Palavra?

- Propor ao grupo uma nova leitura do texto bíblico, em silêncio. Após a leitura, apresentar as questões sugeridas na sequência; contextualizar e explorar o que diz o texto, identificando seus personagens, suas falas e o acontecimento narrado.
  - Leia mais uma vez o texto proposto.
    - A quem Jesus fala nesse texto?
    - Qual a mensagem de Jesus?
- Motivar para que respondam à questão proposta no livro do catequizando e compartilhem com o grupo.
  - Quais palavras de Jesus mais chamam sua atenção?

▷ O que a Palavra diz para você?

Apresentar o sentido do texto bíblico dialogando com o grupo a partir do texto e das questões propostos em seus livros.

▷ Trazendo a Palavra para a vida

Propor ao grupo que formem duplas e conversem sobre as questões sugeridas no livro do catequizandos, partilhem suas ideias e suas respostas com os demais.

CELEBRANDO A VIDA

Comentar sobre a alegria de se saber escolhido por Deus para anunciar e testemunhar ao mundo o Reino dos Céus nos faz querer ir ao encontro do outro para lhe entregar alguma coisa. Recebemos essa alegria daqueles e daquelas que nos prepararam para esse momento: pais, avós, amigos, sacerdotes, catequistas, professores etc. Deles recebemos o que agora podemos dar a outros.

Acender a vela, com solenidade, e motivar o grupo a acompanhar o que é indicado no livro do catequizando. Também é possível propor uma leitura coletiva fazendo pequenas pausas onde é indicado no texto.

Orientar que, sem perder o clima de oração, a vela passará de mãos em mãos. Ao segurá-la, o catequizando diz sua prece em resposta a Jesus.

Depois que todos tiverem feito suas preces, recolocar a vela no suporte; pedir que cada um pegue um cartão e, com um gesto de amizade, entregue a outro participante. Ficar atento para que todos os crismados recebam um cartão.

Concluída a troca de cartões, convidar para juntos rezarem o Pai-nosso e, em seguida, finalizar esse momento com o salmo proposto: Sl 91(90),1-2.

TRANSFORMANDO A VIDA

Ser cristão é seguir Jesus, e seguir Jesus é algo concreto: comprometer-se com Ele e colaborar para que o mundo seja cada vez mais parecido com aquele sonhado por Deus. Incentivar para que cada um pense sobre qual compromisso pode assumir para viver verdadeiramente como um cristão.

Uma reflexão para o caminho

Orientar a leitura e uma reflexão sobre o texto em seus livros; pedir que anotem como se sentiram diante desse texto e como se veem *começando agora o que serão daqui para a frente.*

Lista de siglas e abreviaturas

CIgC – Catecismo da Igreja Católica

CNBB, Est.97 – Iniciação à Vida Cristã: um processo de inspiração catecumenal – Estudos da CNBB

DAp – Documento de Aparecida

DCE – Carta Encíclica Deus *Caritas Est* sobre o amor cristão

DV – Constituição Dogmática *Dei Verbum* sobre a Revelação Divina

RICA – Ritual da Iniciação Cristã de Adultos

Referências

ALVES, A. A. Pe. *Doutrina Social da Igreja*: um guia prático para estudo. Petrópolis: Vozes, 2020.

AUGUSTO, C. Pe.. *Reflexão para a solenidade da Santíssima Trindade*. Disponível em: https://www.vaticannews.va/pt/igreja/news/2024-05/reflexao-solenidade-santissima-trindade.html. Acesso em: 10 jan. 2025.

BENTO XVI. *Deus caritas est*. Carta encíclica sobre o amor cristão – 2005. *São Paulo: Paulinas, 2006.*

BENTO XVI. Angelus. *Canção Nova*, 17 jun. 2012. Disponível em: https://noticias.cancaonova.com/papa/angelus-de-bento-xvi-%C2%96-17062012/. Acesso em: 25 mar. 2024.

BÍBLIA Sagrada. *Edição da família*. Petrópolis: Vozes, 2012.

CALIKOSKI, C. R.; PUPO, D. R.; NASCIMENTO, F. C. *et al*. *[Catequizar... sempre!]* Ministério de Catequista: Caminho de Formação. Petrópolis: Vozes, 2023.

CATECISMO da Igreja Católica. São Paulo: Loyola, 2000.

CELAM. *Documento de Aparecida*. São Paulo: Paulus, 2007.

CIPOLLINI, P. Dom. Os profetas. *CNBB*, 19 ago. 2020. Disponível em: https://www.cnbb.org.br/os-profetas-3/. Acesso em: 26 dez. 2024.

CNBB. *Iniciação à vida cristã*: um processo de inspiração catecumenal. Estudo n. 97. Brasília: Edições CNBB, 2009.

CNBB. *Itinerário Catequético*. Iniciação à vida cristã – Um processo de inspiração catecumenal. Brasília: Edições CNBB, 2014.

CNBB.*Constituição* Sacrosanctum Concilium. *Sagrada Liturgia – uma leitura popular.* Brasília: Edições CNBB, 2019.

CORBELLINI, V. Dom. O Mistério da Trindade em si e para a salvação humana. *Vatican News*, 27 maio 2021. Disponível em: https://www.vaticannews.va/pt/igreja/news/2021-05/o-misterio-da-trindade-em-si-e-para-a-salvacao-humana.html. Acesso em: 10 jan. 2025.

CORBELLINI, V. Dom. A alegria da ressurreição do Senhor Jesus. *Vatican News*, 29 abr. 2022. Disponível em: https://www.vaticannews.va/pt/igreja/news/2022-04/a-alegria-da-ressurreicao-do-senhor-jesus.html. Acesso em: 10 jan. 2025.

DICIO. Verbete "liberdade". Disponível em: https://www.dicio.com.br/liberdade/. Acesso em: 3 ago. 2024.

FERNANDES, L. A. Sagrada Eucaristia: memorial do Sacrifício Redentor de Jesus Cristo. *Vatican News*, 13 set. 2022. Disponível em: https://www.vaticannews.va/pt/igreja/news/2022-09/sagrada-eucaristia-memorial-do-sacrificio-redentor-de-jesus.html. Acesso em: 27 jan.2025.

FERONATO, V. O catequista educa para o compromisso cristão. *In*: CALIKOSKI, C. R.; PUPO, D. R.; NASCIMENTO, F. C. *et al.* Catequizar...Sempre! Ministério de Catequista: caminho de formação. Petrópolis: Vozes, 2023.

KNUPP, L. Dom. *A Palavra de Deus*: alimento para a Catequese. Curitiba: CNBB/Regional Sul 2 – Catequese, 2009. Coleção Catequizar...Sempre!

MELO, A.V. *et al.* Ofício divino das comunidades. São Paulo: Paulus, 1994.

MUNDO ECOLOGIA. Plantação e cultivo de trigo em grão e joio. *Mundo Ecologia*, 2019. Disponível em: https://www.mundoecologia.com.br/plantas/plantacao-e-cultivo-de-trigo-em-grao-e-joio/. Acesso em: 7 dez. 2024.

NASCIMENTO, F. C. O catequista educa para dialogar com Deus. *In*: CALIKOSKI, C. R.; PUPO, D. R.; NASCIMENTO, F. C. *et al. Catequizar...Sempre!* Ministério de Catequista: caminho de formação. Petrópolis: Vozes, 2023.

PAPA FRANCISCO. Audiência Geral. *A Santa Sé*, 17 maio 2017. Disponível em: https://www.vatican.va/content/francesco/pt/audiences/2017/documents/papa-francesco_20170517_udienza-generale.html#:~:text=Audi%C3%AAncia%20Geral%20de%2017%20de%20maio%20de%202017%20%7C%20Francisco&text=Bom%20dia%2C%20amados%20irm%C3%A3os%20e,viu%20Jesus%20ressuscitado%3A%20Maria%20Madalena. Acesso em: 8 jan. 2025.

PAPA FRANCISCO. Catequese sobre o Pai-nosso. *A Santa Sé*, 2018a. Disponível em: https://www.vatican.va/content/francesco/pt/audiences/2018/documents/papa-francesco_20181212_udienza-generale.html. Acesso em: 29 mar. 2025.

PAPA FRANCISCO. Catequese sobre o Pai-nosso. *A Santa Sé*, 2018b. Disponível em: https://www.vatican.va/content/francesco/pt/audiences/2018/documents/papa-francesco_20181205_udienza-generale.html. Acesso em: 29 mar. 2025.

PAPA FRANCISCO. Nascer do espírito. *A Santa Sé*, 2020a. Disponível em: https://www.vatican.va/content/francesco/pt/cotidie/2020/documents/papa-francesco-cotidie_20200420_ladocilita-allospirito.html. Acesso em: 27 jan.2025.

PAPA FRANCISCO. As catequeses sobre as Bem-aventuranças. *Vatican News*, 13 maio 2020b. Disponível em: https://www.vaticannews.va/pt/papa/news/2020-05/papa-francisco-catequeses-bem-aventurancas-audiencia-geral.html. Acesso em: 11 jan.2025.

PAPA FRANCISCO. Com Jesus, podemos nos imunizar contra a tristeza. *Vatican News*, 14 jun. 2020c. Disponível em: https://www.vaticannews.va/pt/papa/news/2020-06/papa-francisco-corpus-christi-jesus-imunizar-contra-tristeza.html. Acesso em: 27 jan. 2025.

PAPA FRANCISCO. Na normalidade do Reino de Deus o pão chega a todos. Audiência geral. *Franciscanos*, 30 set. 2020d. Disponível em https://franciscanos.org.br/noticias/papa-na-normalidade-do-reino-de-deus-o-pao-chega-a-todos.html#gsc.tab=0. Acesso em: 18 fev. 2024.

PAPA FRANCISCO. Do verdadeiro encontro com Jesus nunca se esquece. *Vatican News*, 2021a. Disponível em: https://www.vaticannews.va/pt/papa/news/2021-01/papa-francisco-angelus-17-janeiro-2021.html. Acesso em: 9 jan. 2025.

PAPA FRANCISCO. Receber o amor divino, passando da miséria para a misericórdia. *Vatican News*, 2 mar. 2021b. Disponível em: https://www.vaticannews.va/pt/papa/news/2021-03/intencao-oracao-do-papa-francisco-marco-sacramento-reconciliacao.html. Acesso em: 28 jan. 2025.

PAPA FRANCISCO. Regina Cæli. *A Santa Sé*, 2023. Disponível em: https://www.vatican.va/content/francesco/pt/angelus/2023/documents/20230410-regina-caeli.html. Acesso em: 10 jan. 2025.

PAPA FRANCISCO. A paciência é a vitamina essencial do cristão. *Vatican News*, 27 mar. 2024a. Disponível em: https://www.vaticannews.va/pt/papa/news/2024-03/papa-audiencia-geral-virtude-paciencia-jesus-paixao-perdao.html. Acesso em: 30 mar. 2024.

PAPA FRANCISCO. O verdadeiro encontro com Jesus transforma a vida. *Vatican News*, 15 set. 2024b. Disponível em: https://www.vaticannews.va/pt/papa/news/2024-09/angelus-papa-francisco-15-09-24.html#:~:text=Trata%2Dse%20de%20ter%20com,n%C3%A3o%20sei%20quem%20%C3%A9%20Jesus. Acesso em: 9 jan. 2025.

PAPA FRANCISCO. Papa apela aos governantes cristãos para que perdoem a dívida dos países pobres. *Vatican News*, 1 jan. 2025. Disponível em: https://www.vaticannews.va/pt/papa/news/2025-01/papa-francisco-dia-mundial-da-paz-angelus-perdoar-divida-jubileu.html. Acesso em: 7 jan. 2025.

PAPA FRANCISCO. *Os Mandamentos*. São Paulo: Paulus, 2019.

PERUZZO, J. A. *E seguiram a Jesus...*: Caminhos bíblicos de iniciação. Brasília: Edições CNBB, 2018.

PONTIFÍCIO CONSELHO para a promoção da nova evangelização. *Diretório para a catequese*. Documentos da Igreja 61. Brasília: Edições CNBB, 2020.

PUPO, D. R. *Inspiração Catecumenal...*: Sobre o que estamos falando? Petrópolis: Vozes, 2022.

ROLLEMBERG, M. C. *Falar de fé na catequese*. Petrópolis: Vozes, 2023.

ROLLEMBERG, M. C. O catequista educa para viver da liturgia. *In*: CALIKOSKI, C. R.; PUPO, D. R.; NASCIMENTO, F. C. *et al. Catequizar...Sempre!* Ministério de Catequista: caminho de formação. Petrópolis: Vozes, 2023.

SAGRADA CONGREGAÇÃO para o culto divino. *Ritual da Iniciação Cristã de Adultos*. RICA. São Paulo: Paulinas, 2003.

TEMPESTA, O. Dom. Ressuscitou! *Vatican News*, 17 abr. 2022. Disponível em: https://www.vaticannews.va/pt/igreja/news/2022-04/ressuscitou.html. Acesso em: 10 jan. 2025.

TRESE, L. J. *A fé explicada*. São Paulo: Quadrante, 1999.

VENA, A. Pe. Santíssima Trindade. *Vatican News*. Disponível em: https://www.vaticannews.va/pt/feriados-liturgicos/santissima-trindade.html. Acesso em: 10 jan. 2025.

EDITORA VOZES LTDA.
Rua Frei Luís, 100 – Centro – Cep 25689-900 – Petrópolis, RJ
Tel.: (24) 2233-9000 – E-mail: vendas@vozes.com.br